STEFANO GUERRERA

WEHE, DU POSTEST DAS!

Wenn Gemälde sprechen könnten

STEFANO GUERRERA

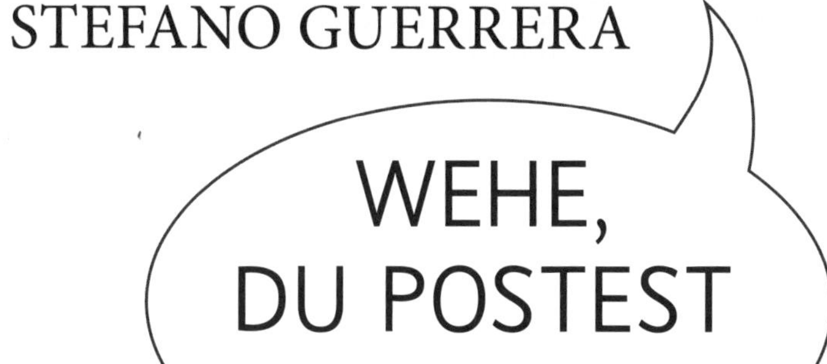

Wenn Gemälde sprechen könnten

Aus dem Italienischen übersetzt und bearbeitet
von Roman Griek

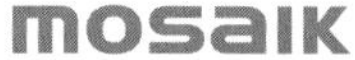

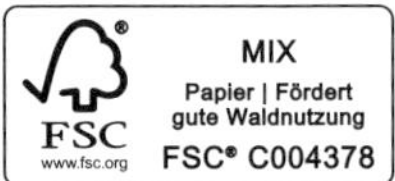

Penguin Random House Verlagsgruppe FSC® N001967

3. Auflage
Deutsche Ersterscheinung

Umschlag: *zeichenpool
Umschlagmotiv: Jean-Léon Gérôme:
Die Wahrheit steigt aus dem Brunnen. 1896.
Musée Anne-de-Beaujeu, Moulins (© Jérôme Mondière)
Satz: Buch-Werkstatt GmbH, Bad Aibling/Kim Winzen
Druck und Bindung: PB Tisk, a.s., Pribram
Printed in Czech Republic
Kö · Herstellung: IH
ISBN 978-3-442-39324-4

www.mosaik-verlag.de

INHALTSVERZEICHNIS

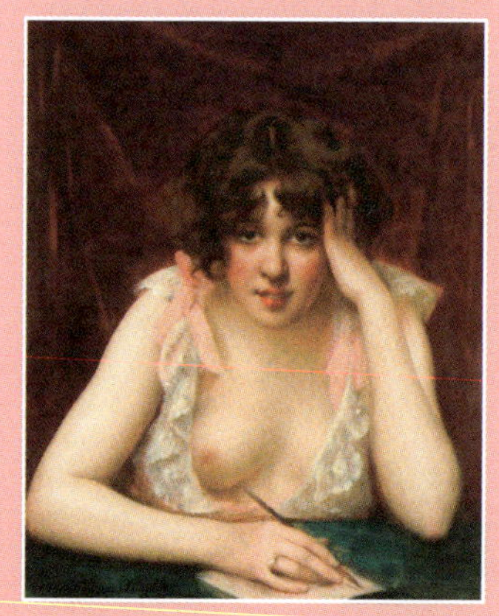

Maxime Dastugue
DER LIEBESBRIEF
– um 1875 –
Private Sammlung

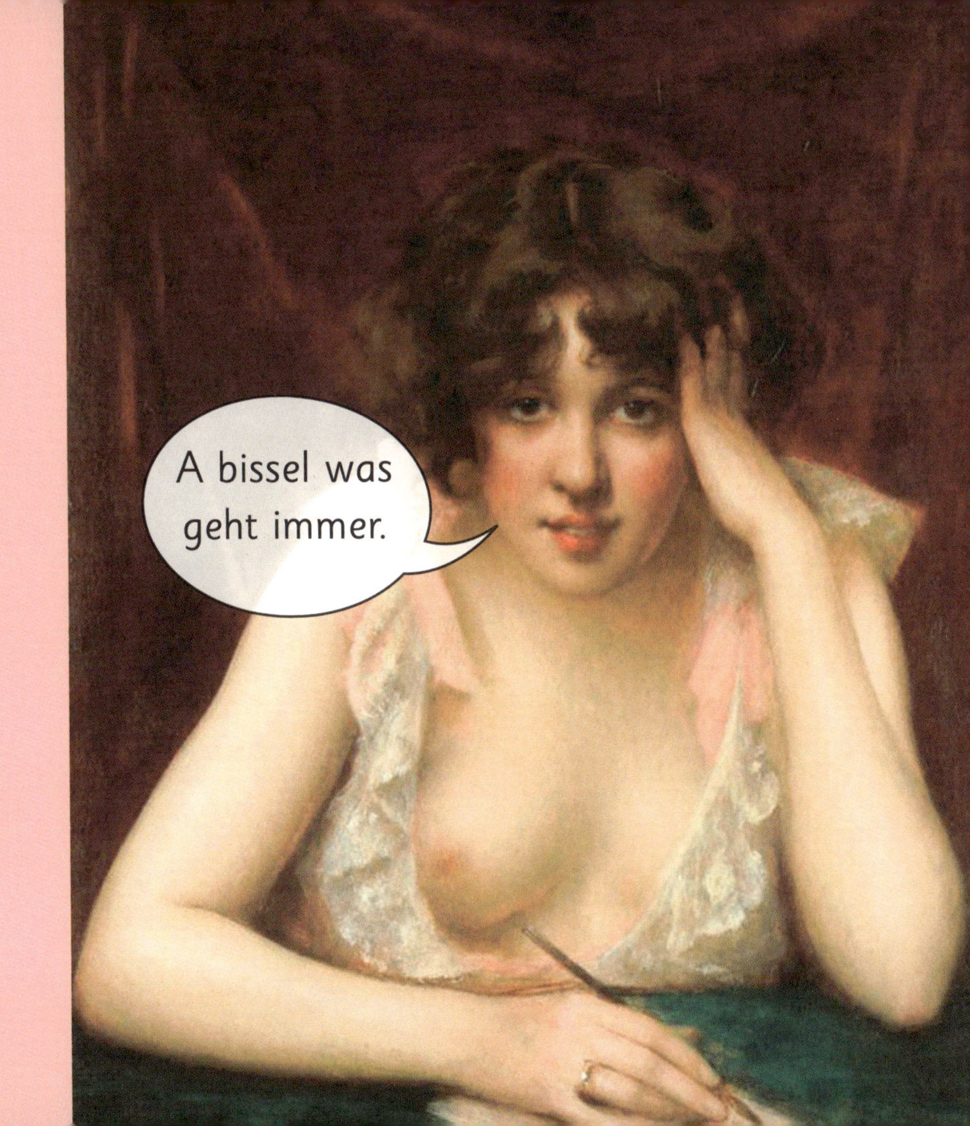
A bissel was geht immer.

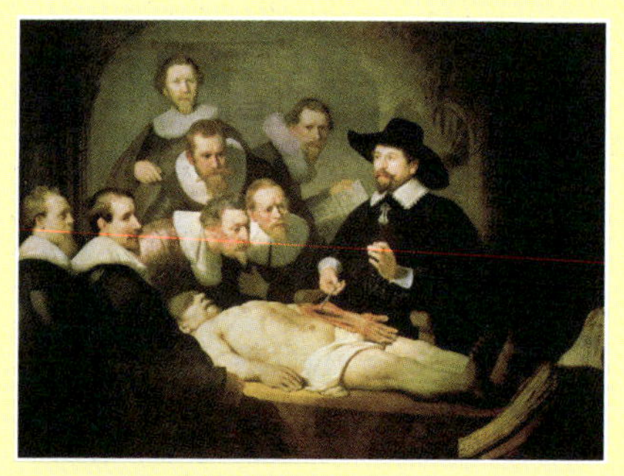

Rembrandt
DIE ANATOMIESTUNDE
DES DR. NICOLAES TULP
– 1632 –
Mauritshuis, Den Haag

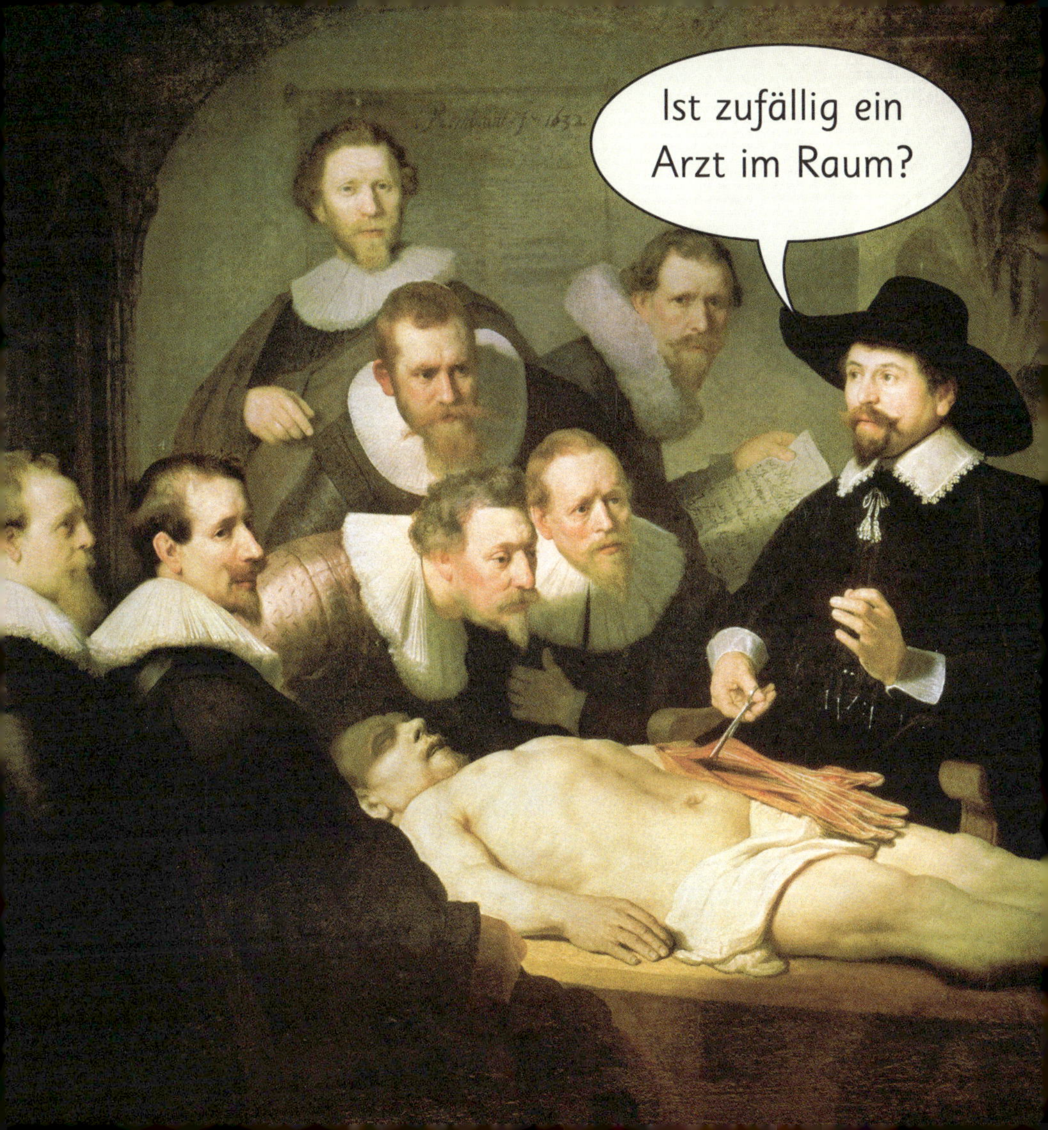
Ist zufällig ein Arzt im Raum?

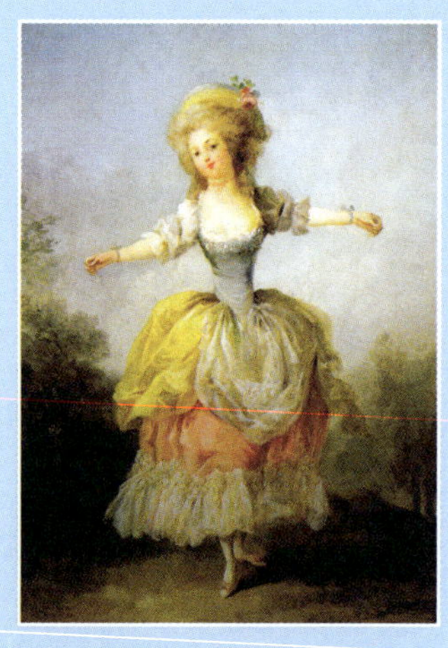

Jean-Frédéric Schall
PORTRAIT DER
MADEMOISELLE GUIMARD
– XVIII. Jahrhundert –
Musée des Beaux-Arts, Nantes

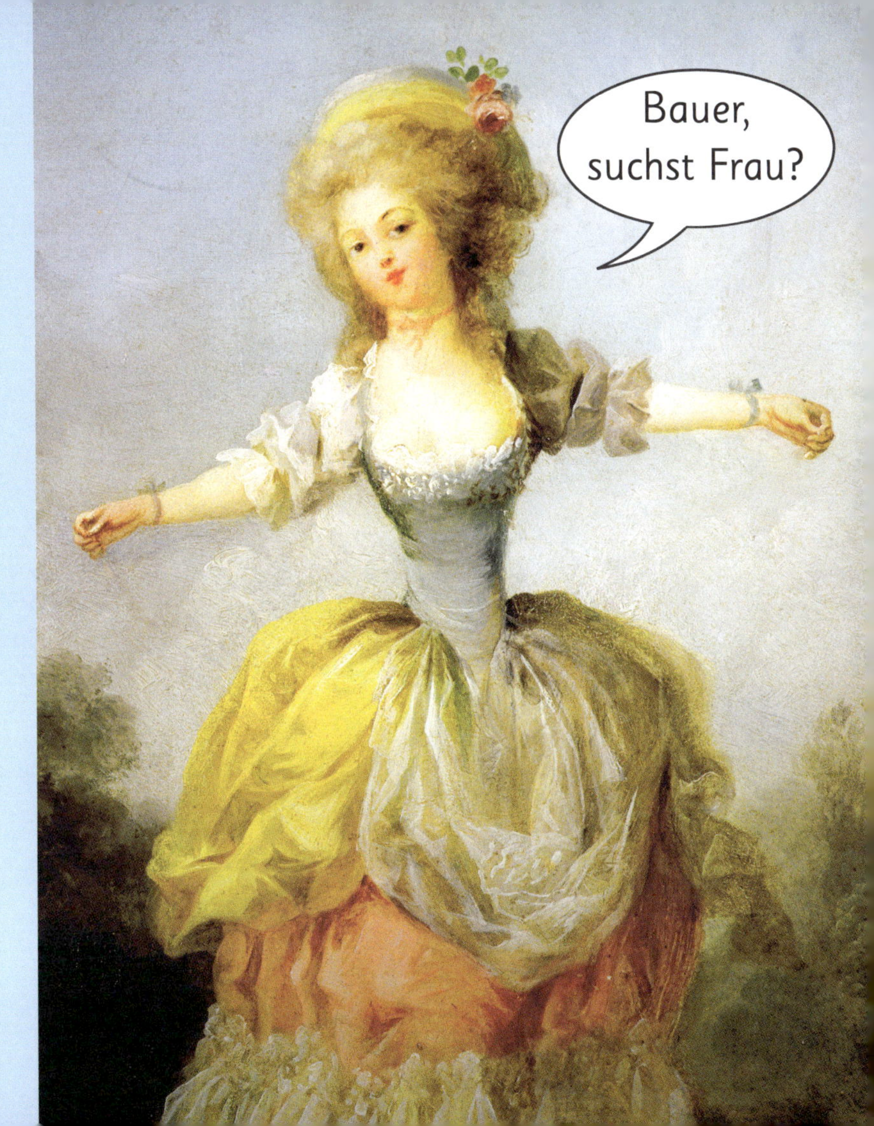
Bauer, suchst Frau?

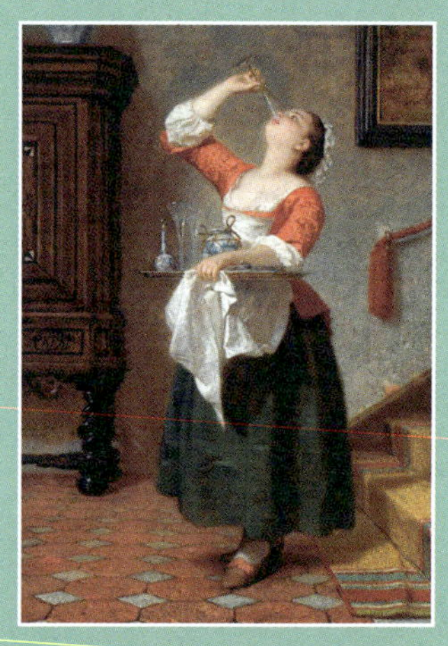

Wilhelm Amberg
DAS DIENSTMÄDCHEN
– 1862 –
Private Sammlung

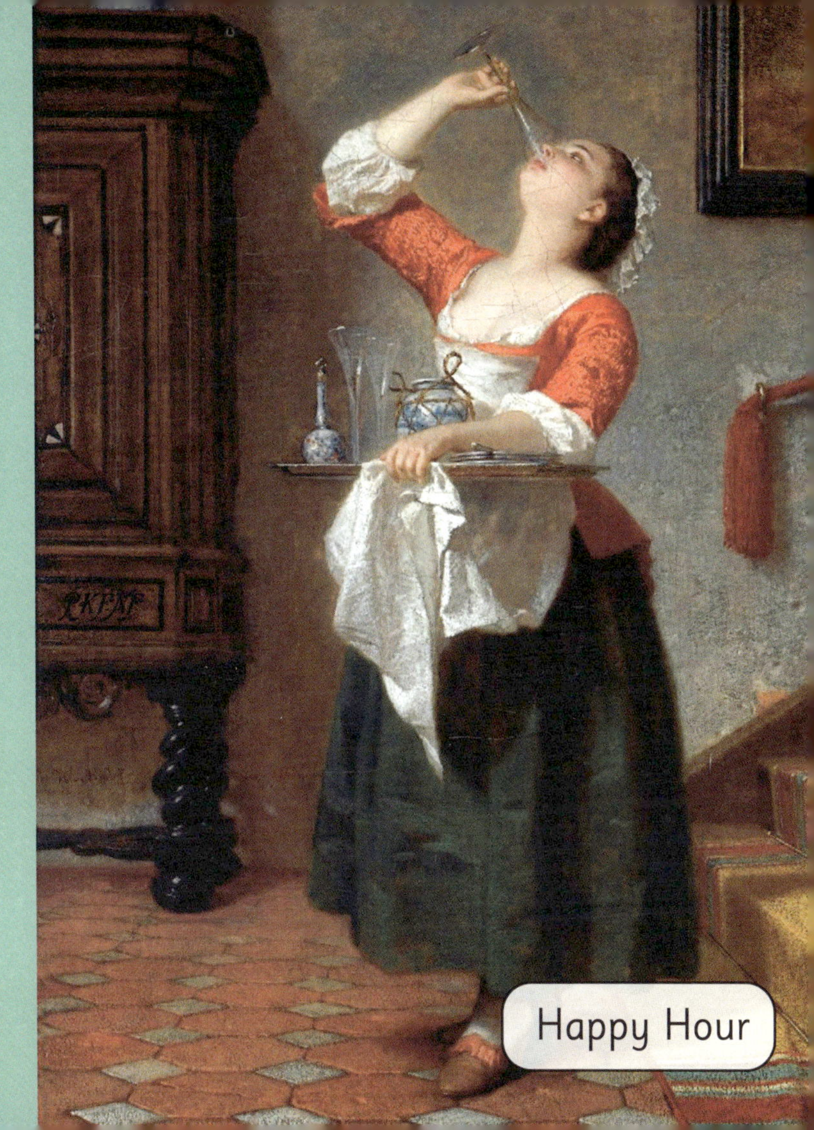
Happy Hour

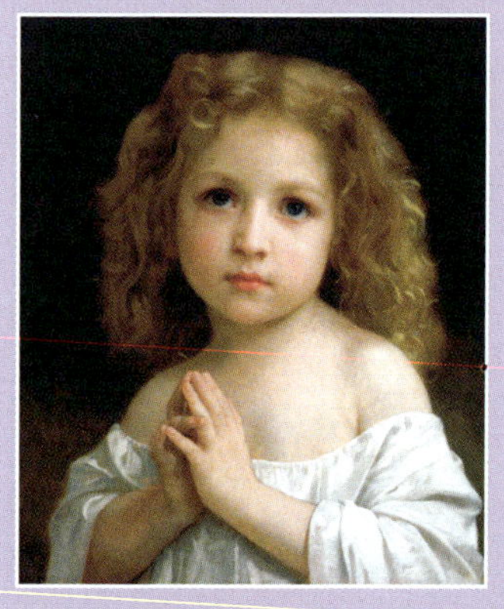

William-Adolphe Bouguereau
MÄDCHEN
– 1878 –
National Museum of Western Art, Tokio

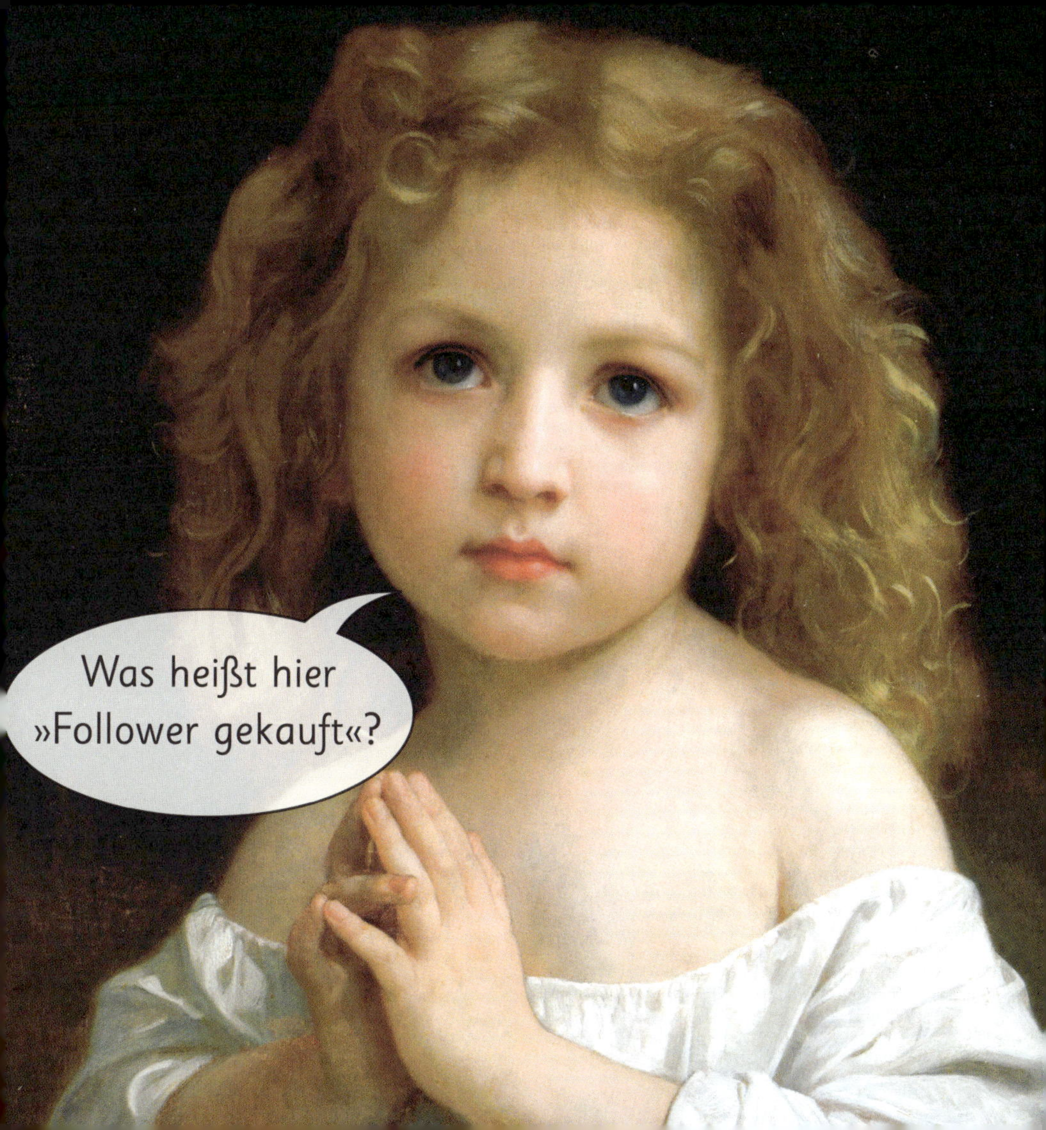
Was heißt hier
»Follower gekauft«?

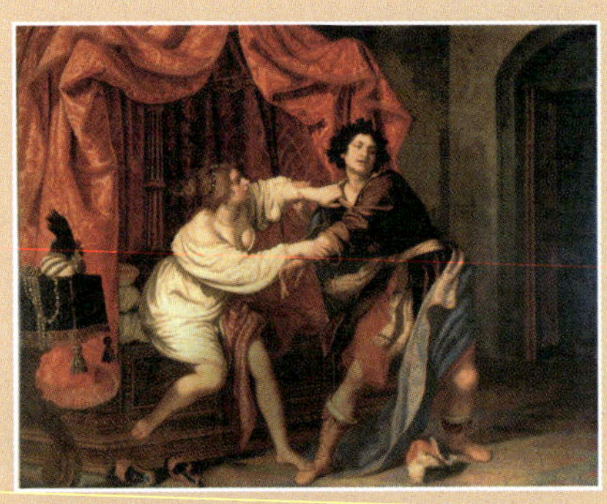

Giovanni Bilivert
DIE KEUSCHHEIT JOSEPHS
– 1618 –
Galleria Palatina, Palazzo Pitti, Florenz

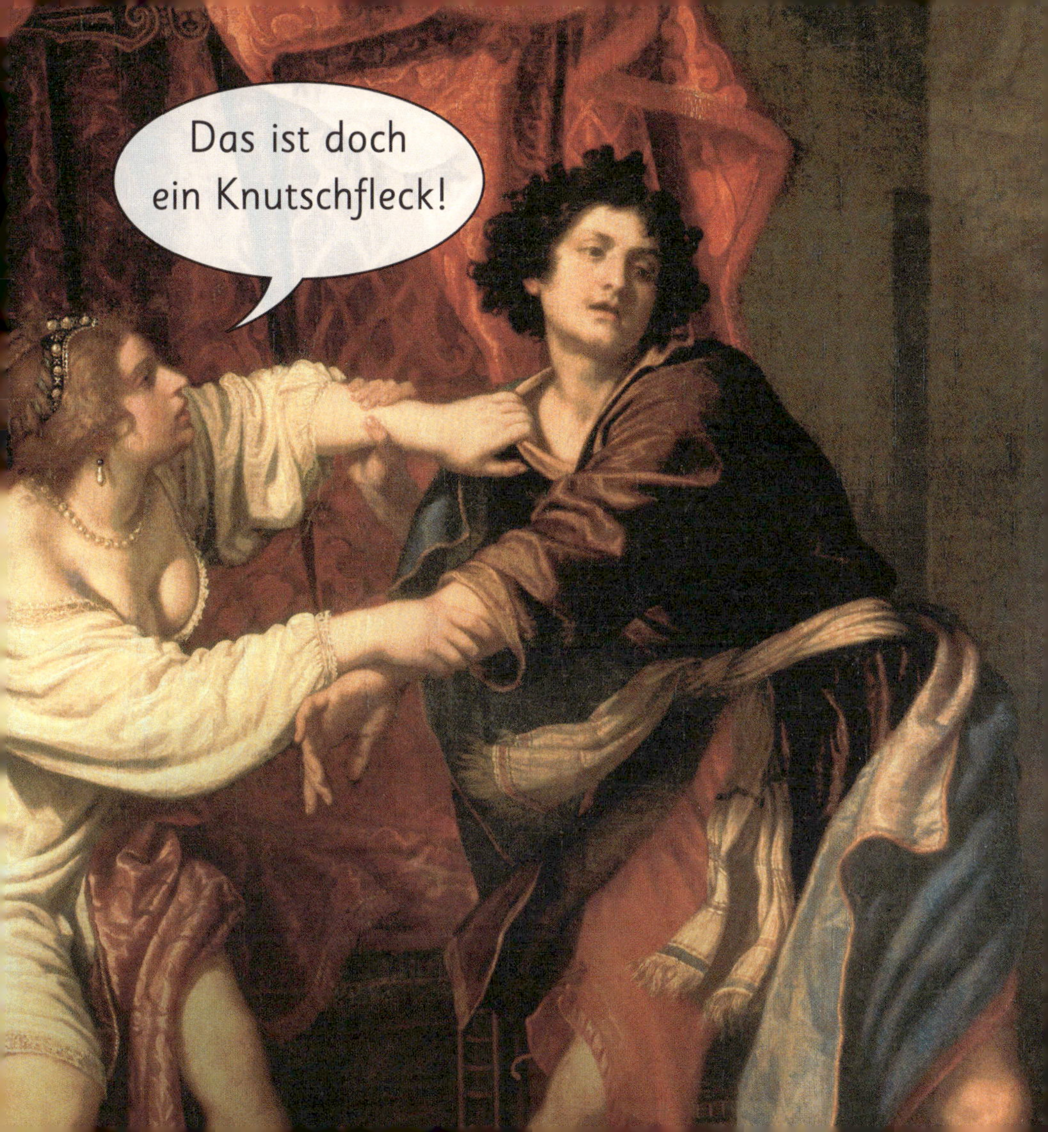
Das ist doch ein Knutschfleck!

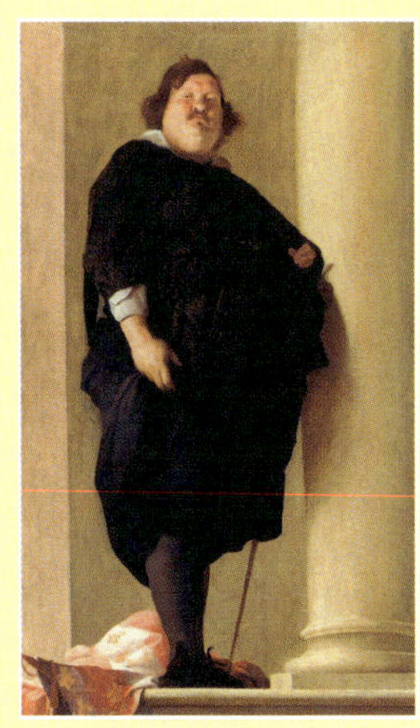

Charles Mellin (zugeschrieben)

BILDNIS EINES MANNES

– 1630 –

Staatliche Museen, Berlin

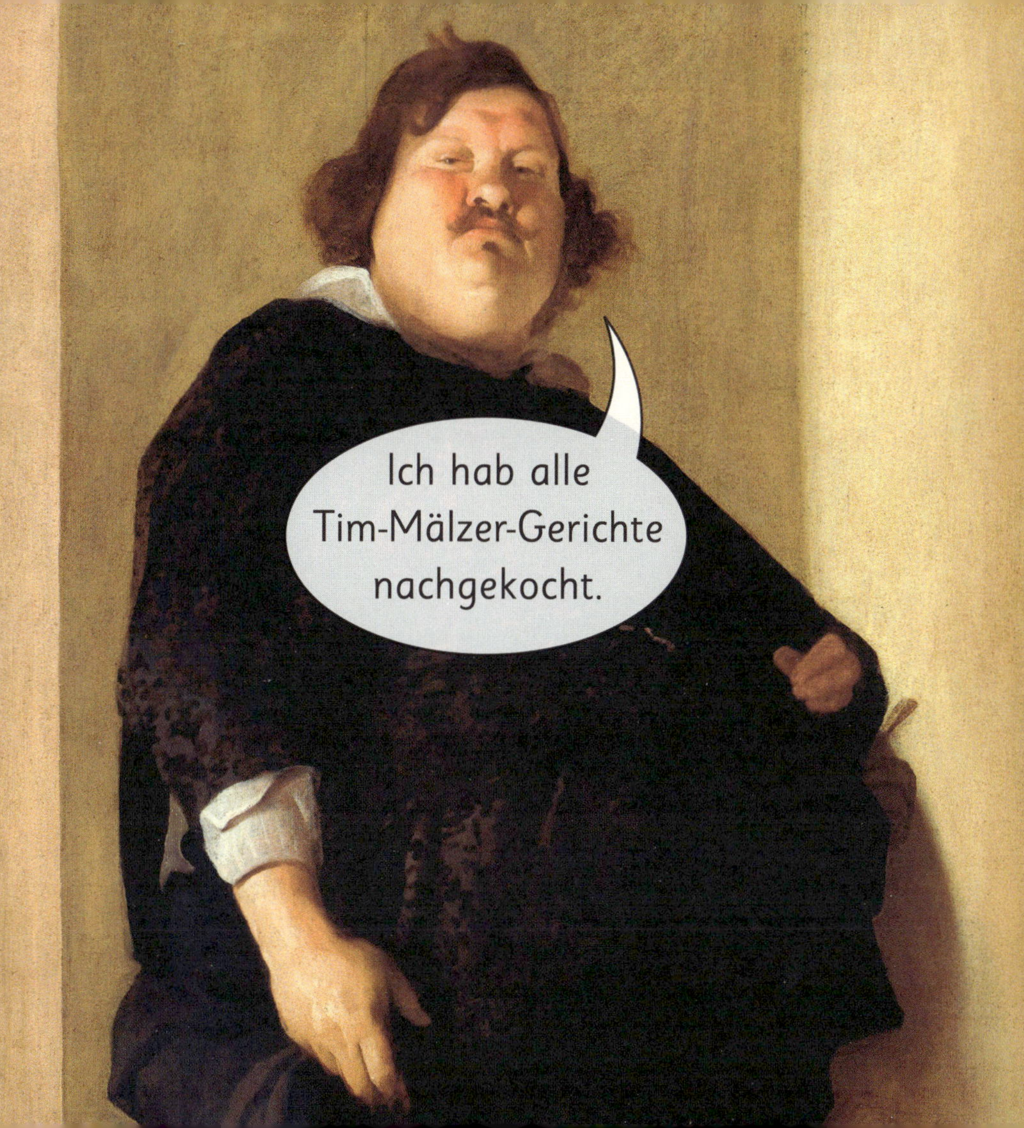
Ich hab alle
Tim-Mälzer-Gerichte
nachgekocht.

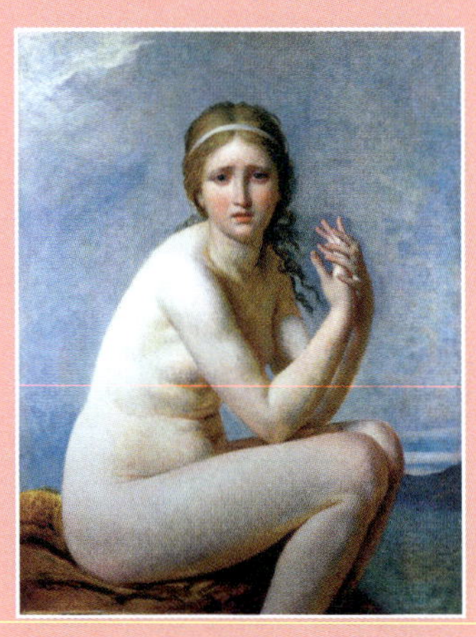

Jacques-Louis David
DIE VERLASSENE PSYCHE
– 1795 –
Private Sammlung

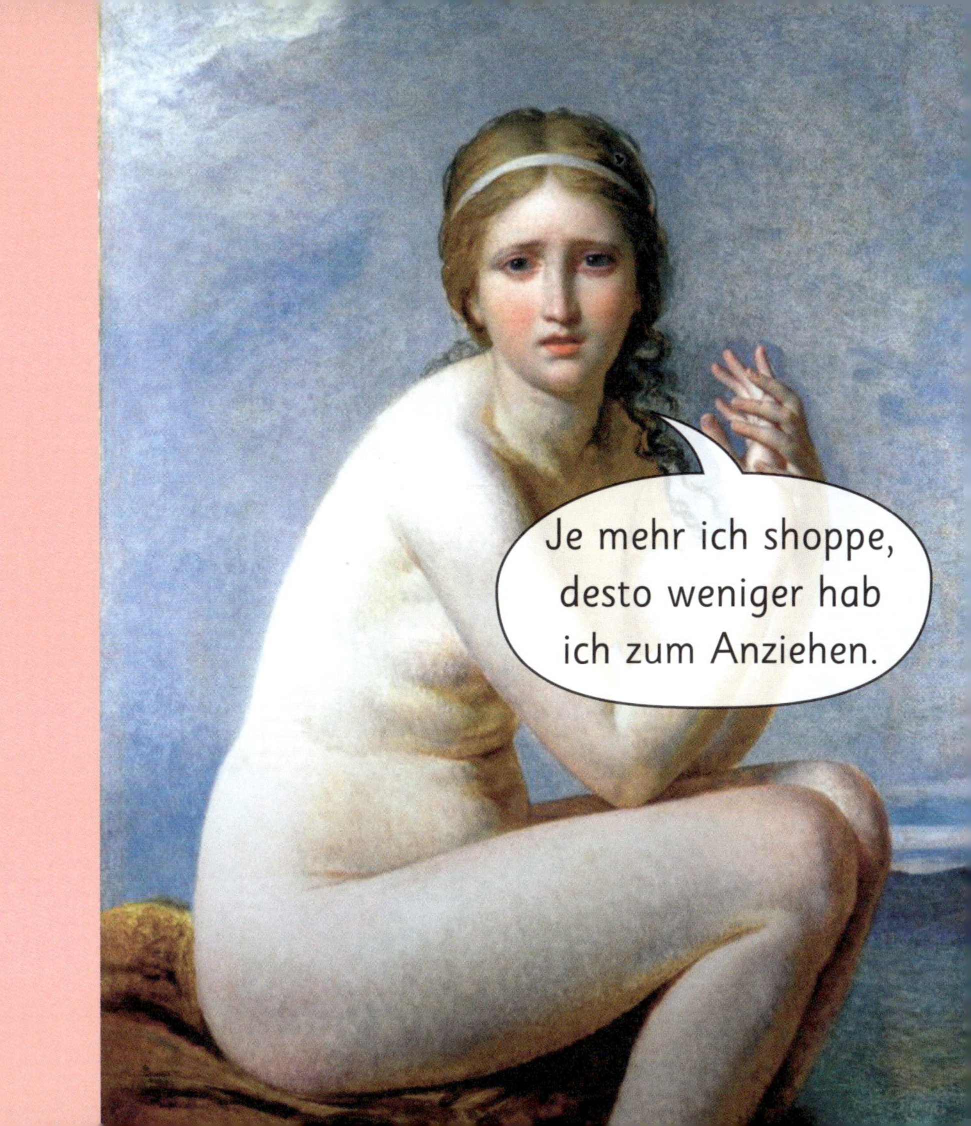
Je mehr ich shoppe, desto weniger hab ich zum Anziehen.

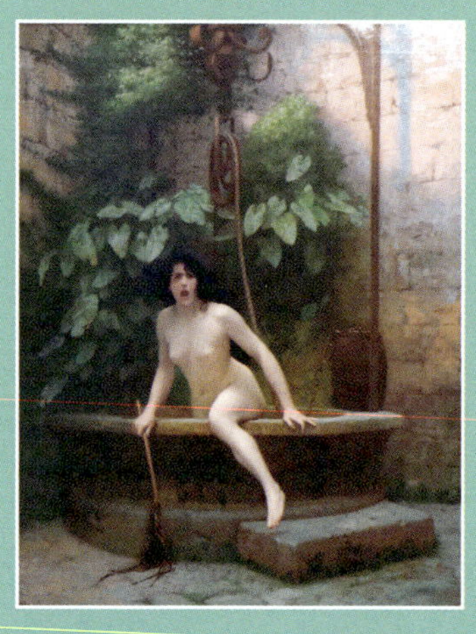

Jean-Léon Gérôme
DIE WAHRHEIT STEIGT
AUS DEM BRUNNEN
– 1896 –
Musée Anne-de-Beaujeu, Moulins

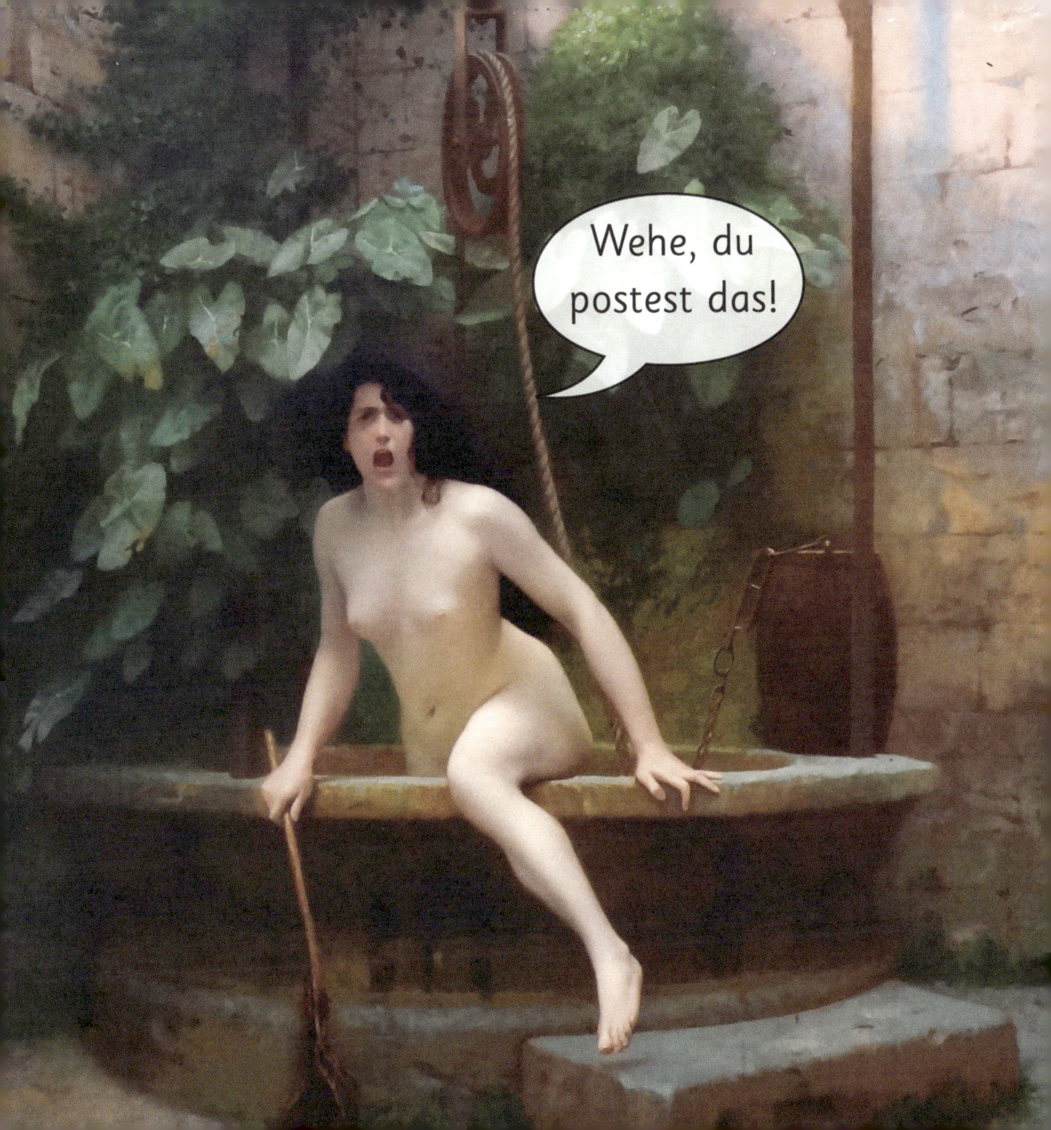
Wehe, du postest das!

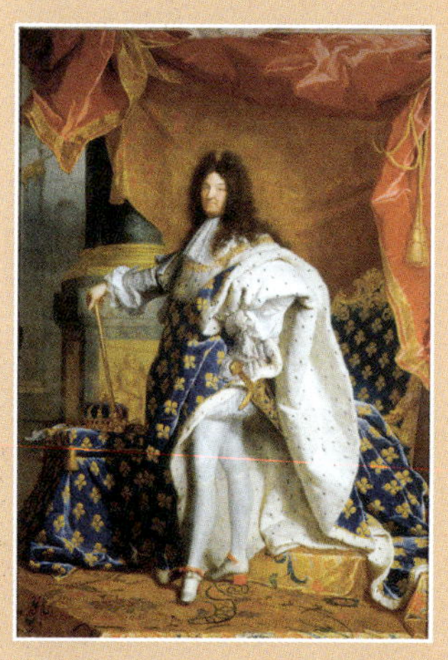

Hyacinthe Rigaud
PORTRAIT LUDWIGS XIV.
– 1701 –
Musée du Louvre, Paris

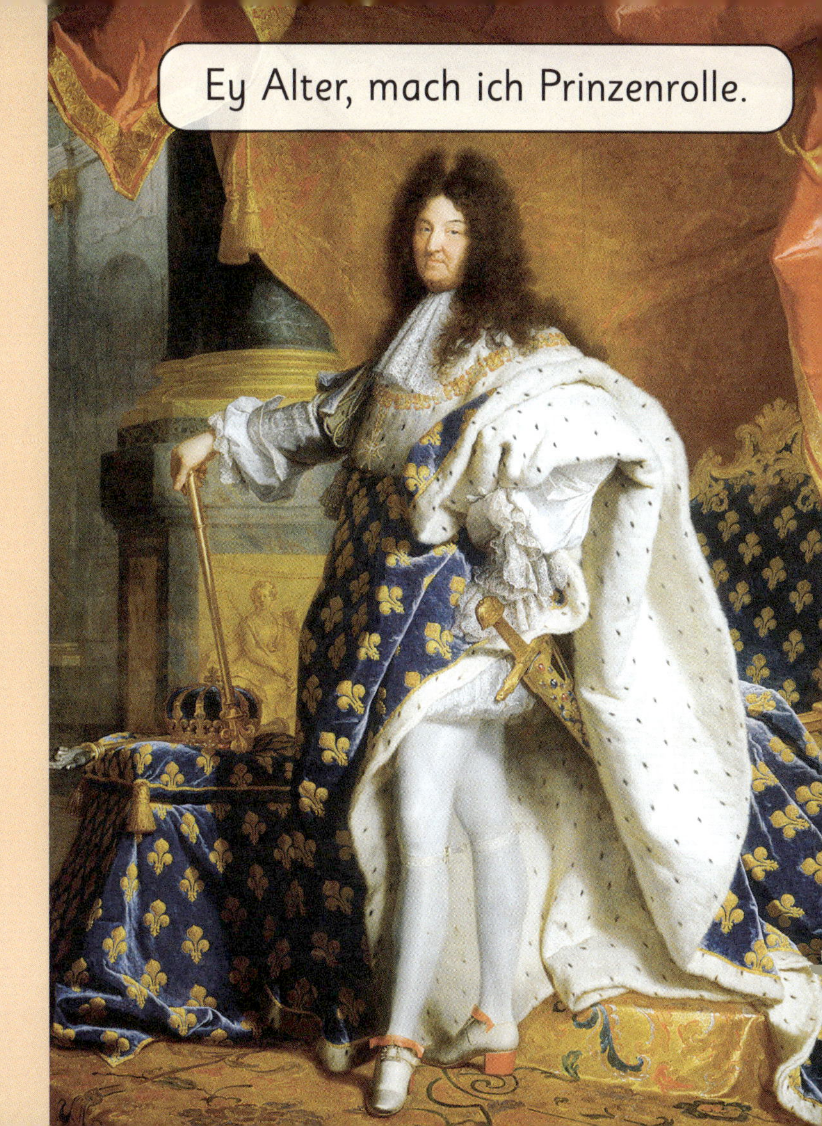
Ey Alter, mach ich Prinzenrolle.

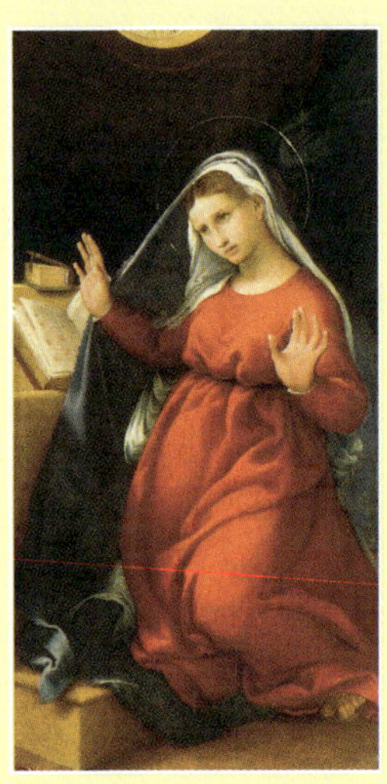

Lorenzo Lotto
VERKÜNDIGUNG (AUSSCHNITT)
– 1527 –
Pinacoteca Civica, Jesi

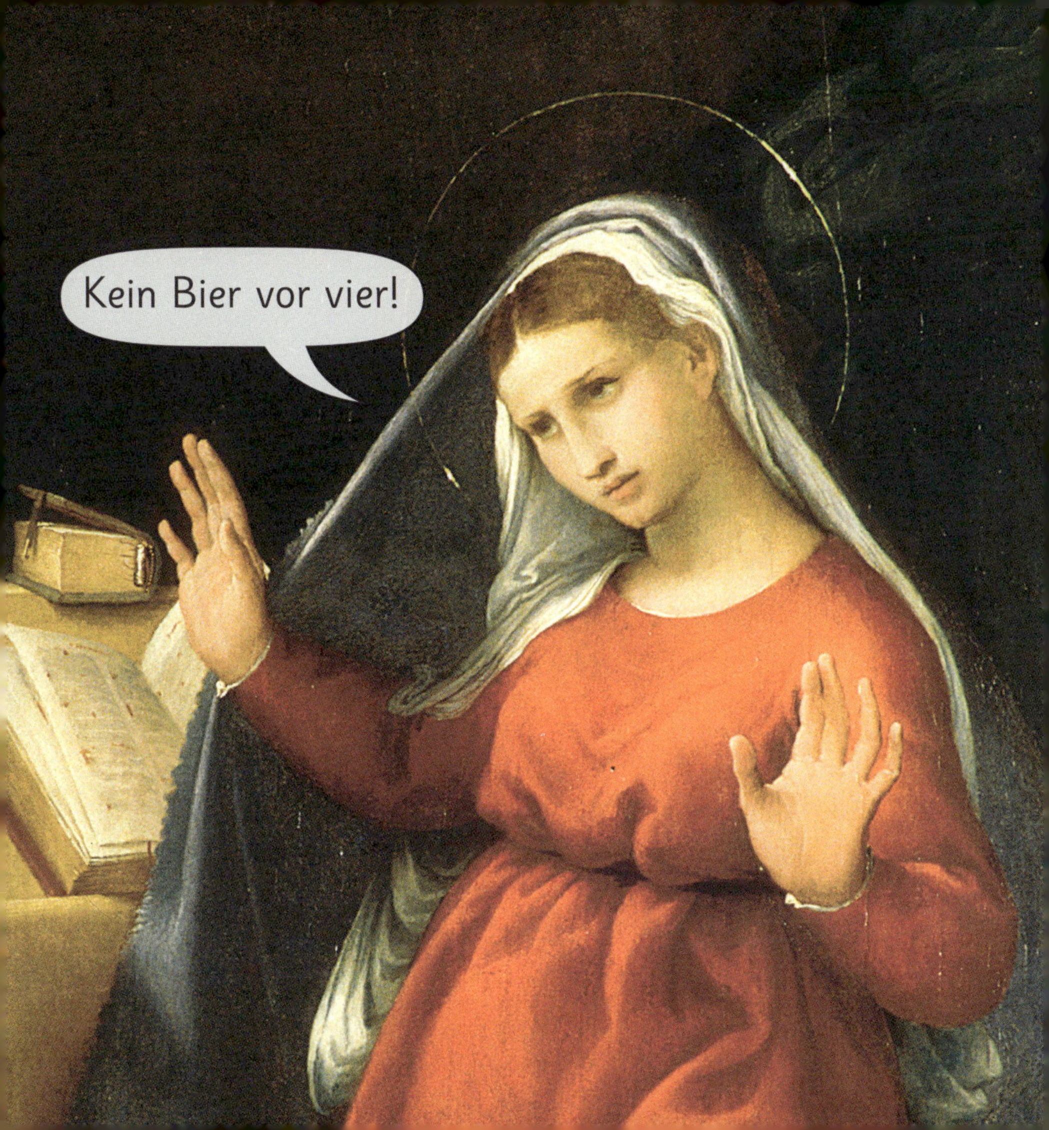
Kein Bier vor vier!

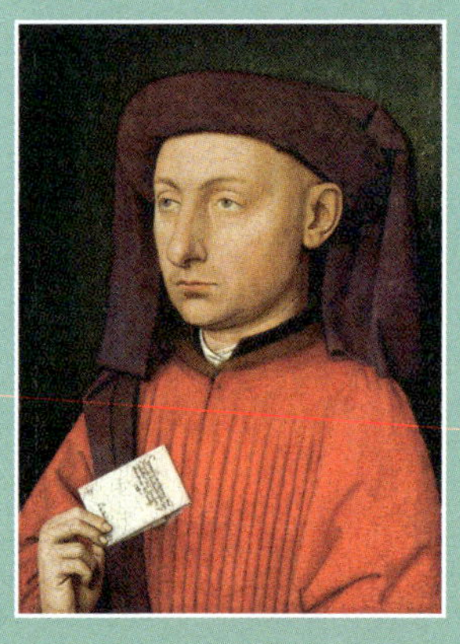

Jan van Eyck (Schule)
PORTRAIT DES MARCO BARBARIGO
– 1449/50 –
National Gallery, London

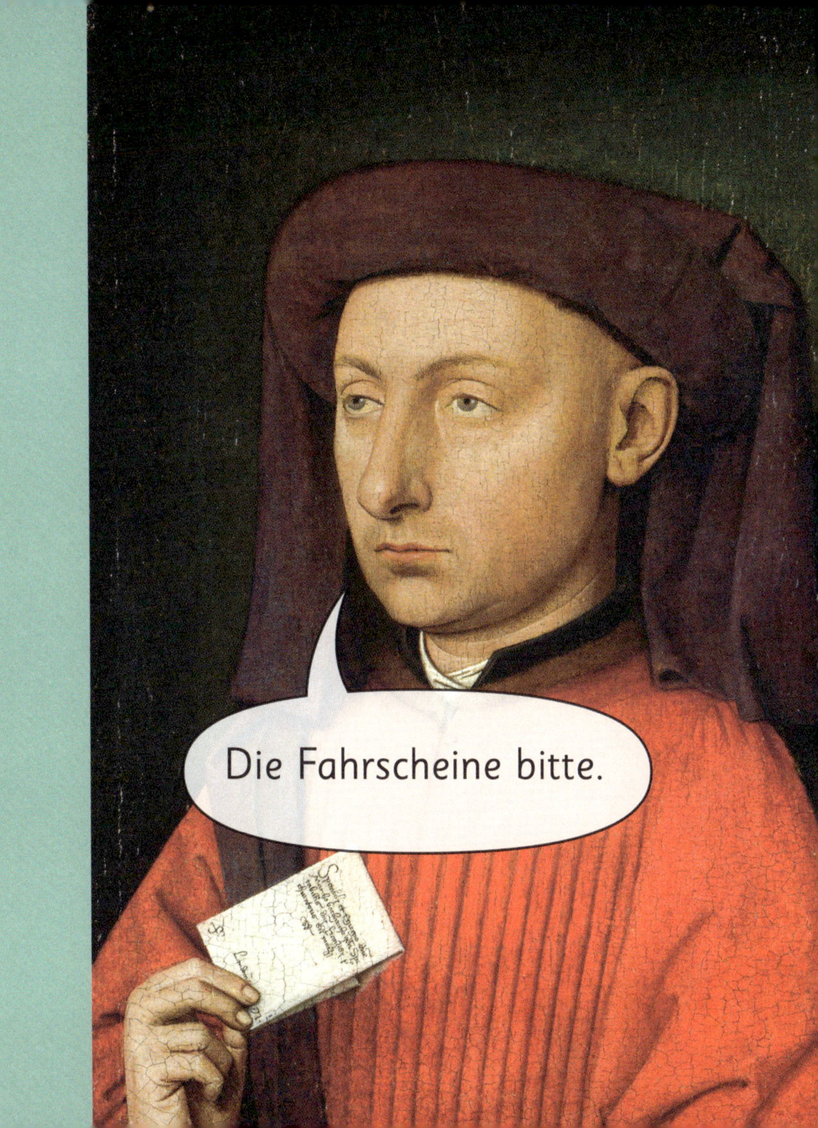
Die Fahrscheine bitte.

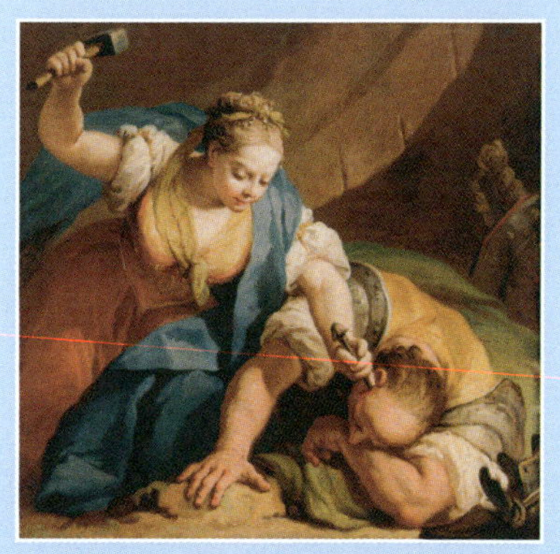

Jacopo Amigoni
JAEL UND SISARA
– 1739 –
Ca' Rezzonico, Venedig

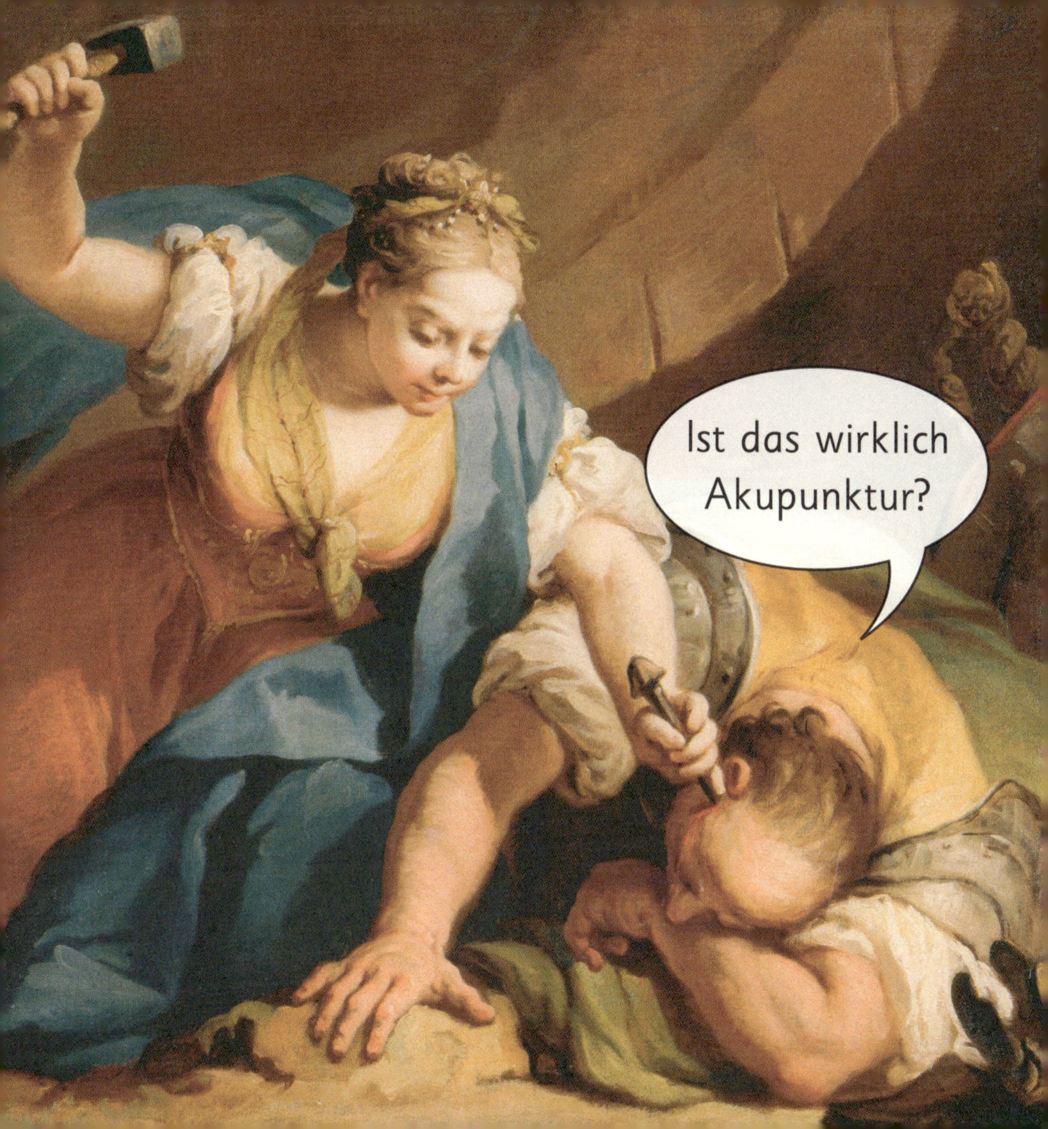
Ist das wirklich Akupunktur?

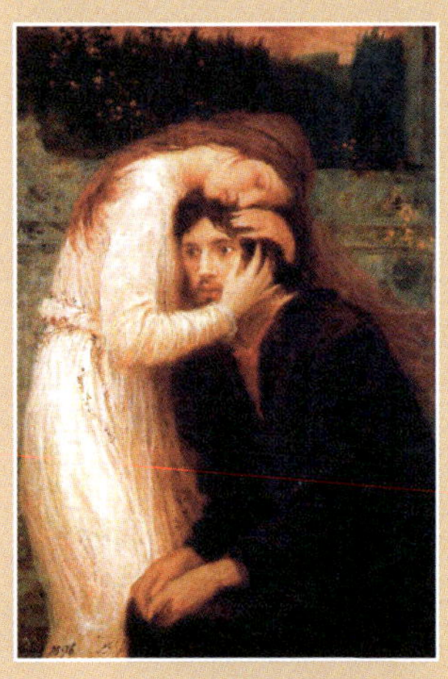

Max Švabinsky
WAHLVERWANDTSCHAFT
– 1896 –
Kroměříž, Tschechische Republik

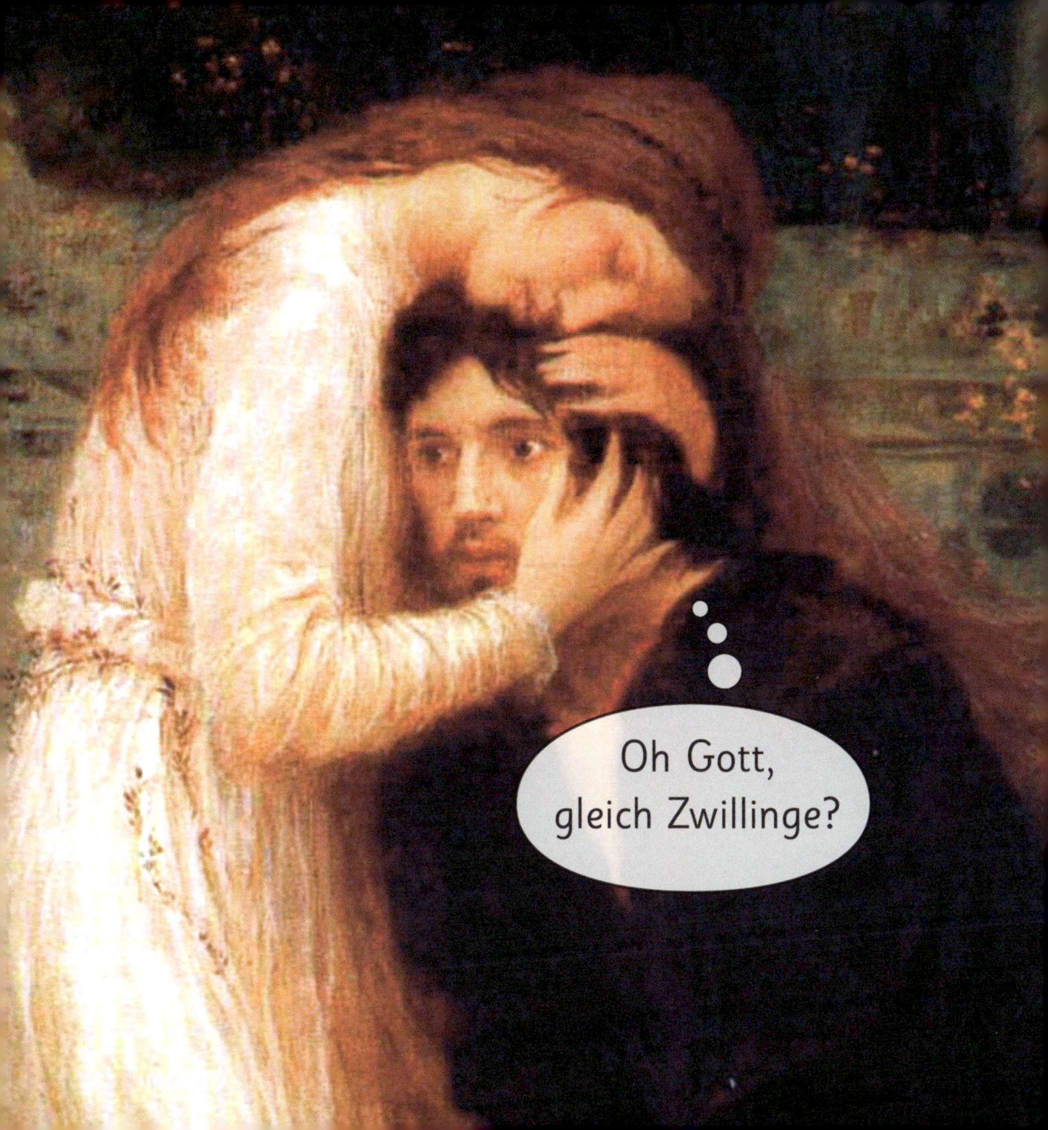
Oh Gott,
gleich Zwillinge?

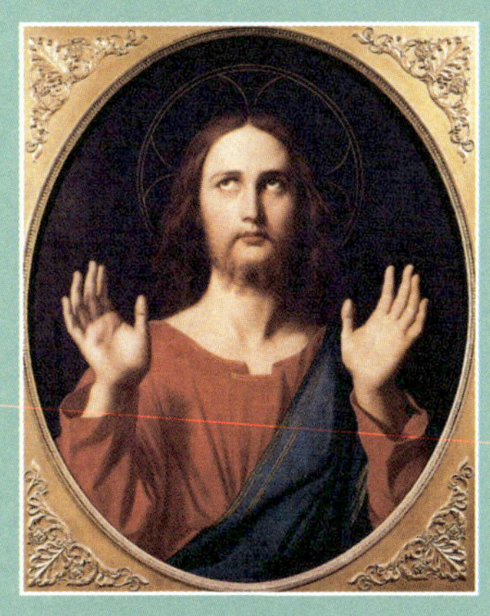

Jean-Auguste-Dominique Ingres
CHRISTUS
– 1834 –
Museu de Arte de São Paulo

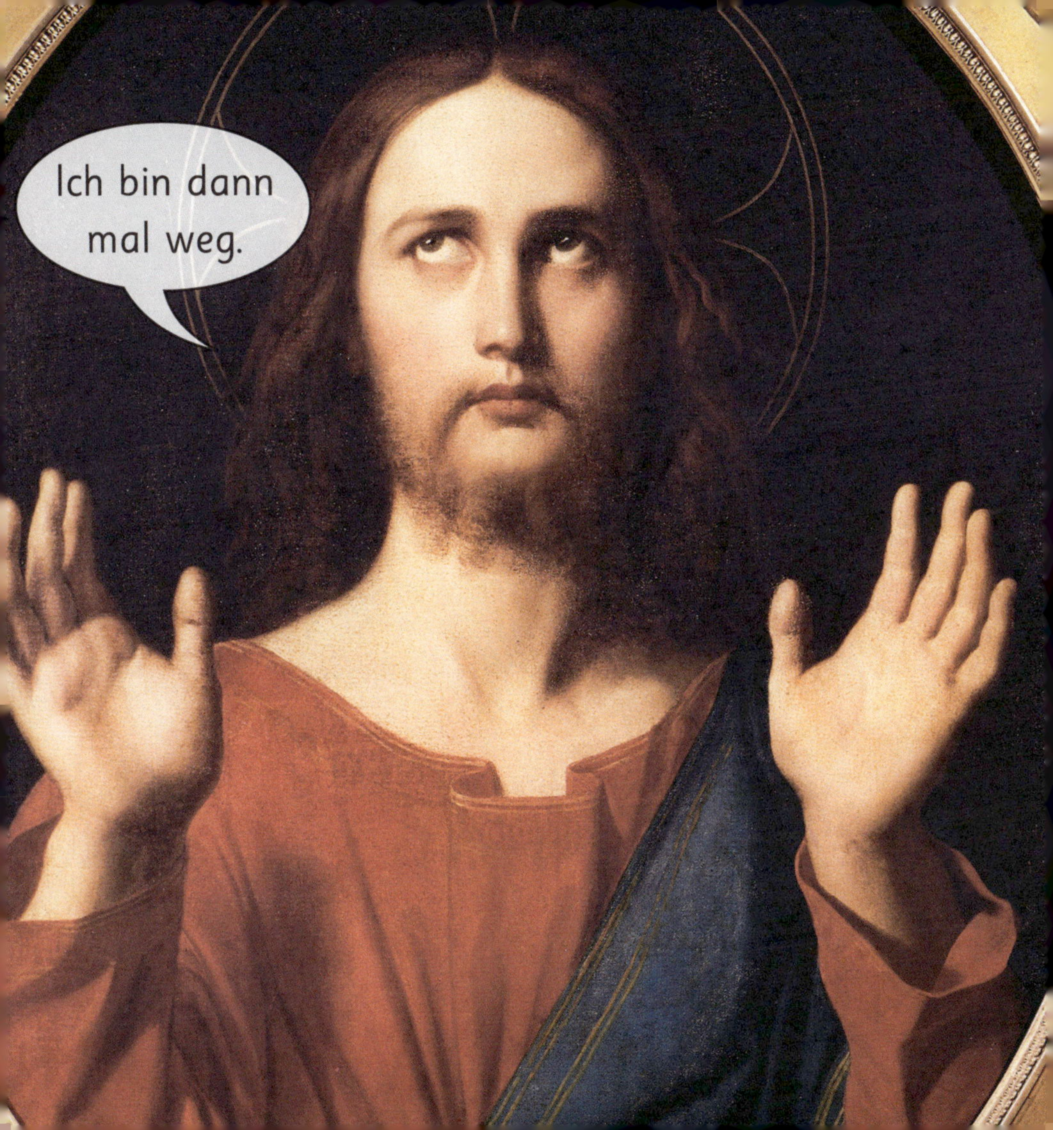
Ich bin dann mal weg.

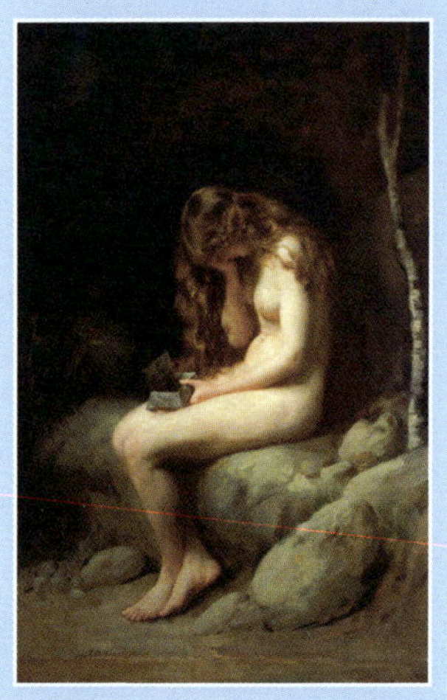

Thomas Benjamin Kennington
PANDORA
– 1908 –
Private Sammlung

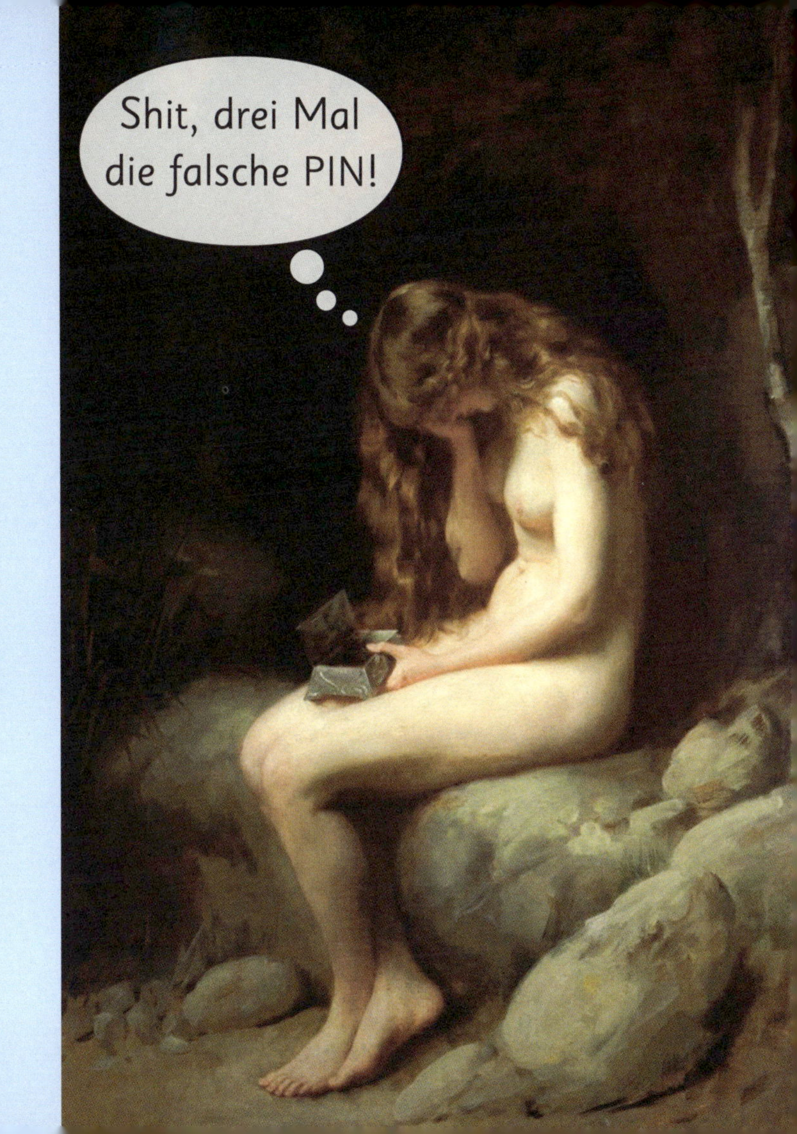
Shit, drei Mal
die falsche PIN!

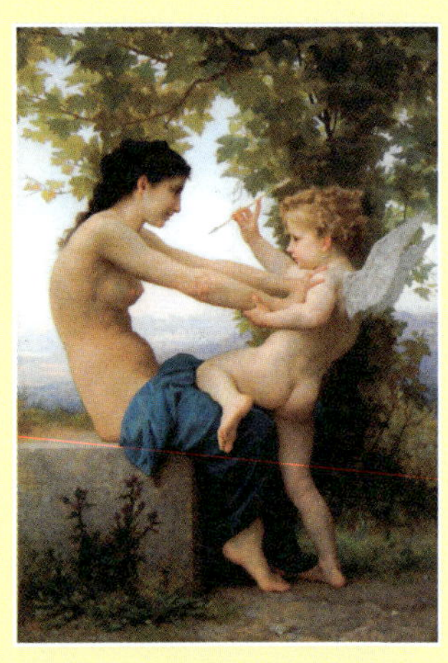

William-Adolphe Bouguereau
EINE JUNGE FRAU
VERTEIDIGT SICH VOR EROS
– 1880 –
J. Paul Getty Museum, Los Angeles

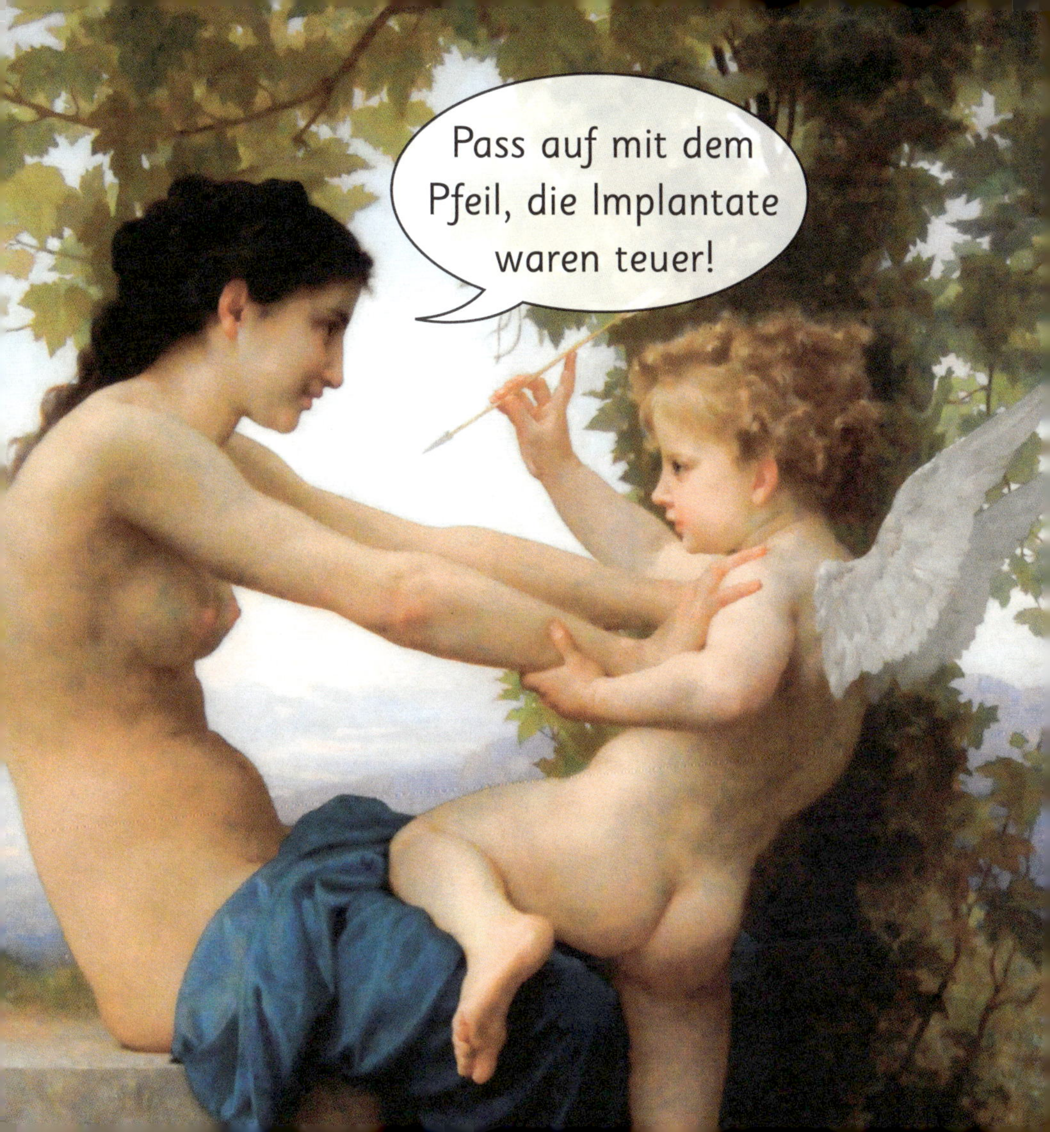
Pass auf mit dem
Pfeil, die Implantate
waren teuer!

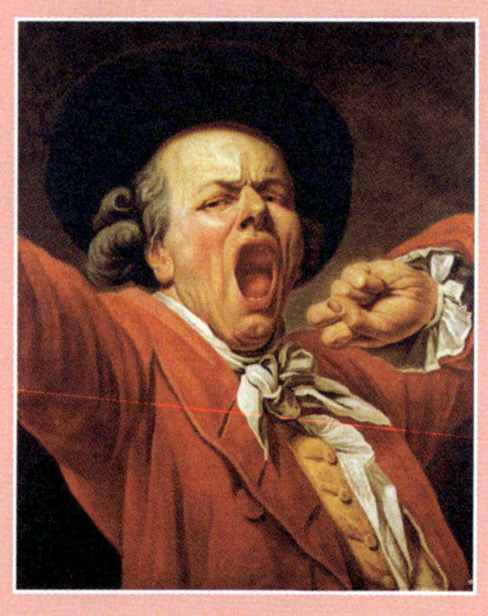

Joseph Ducreux
SELBSTBILDNIS BEIM GÄHNEN
– 1791 –
Private Sammlung

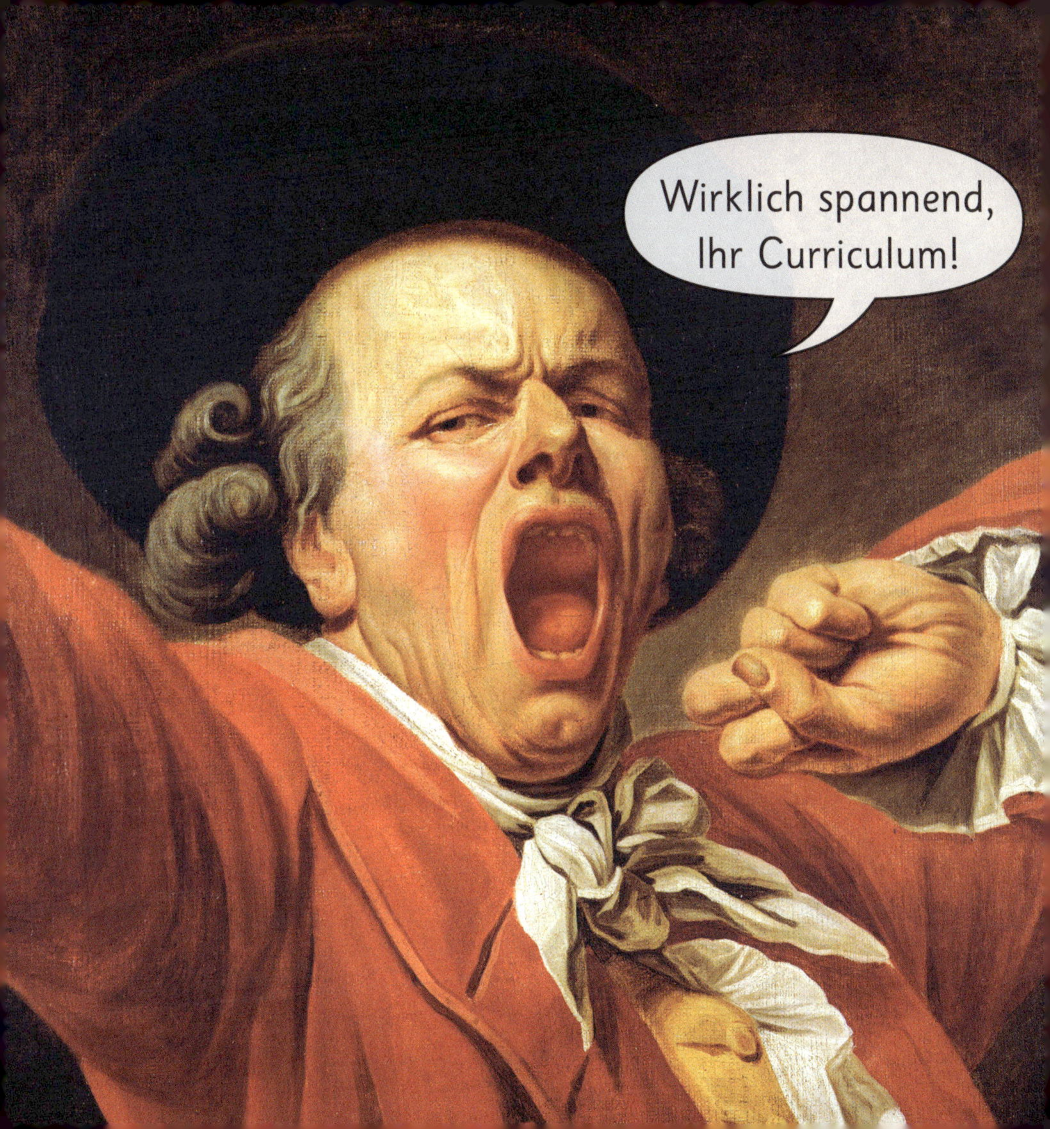
Wirklich spannend,
Ihr Curriculum!

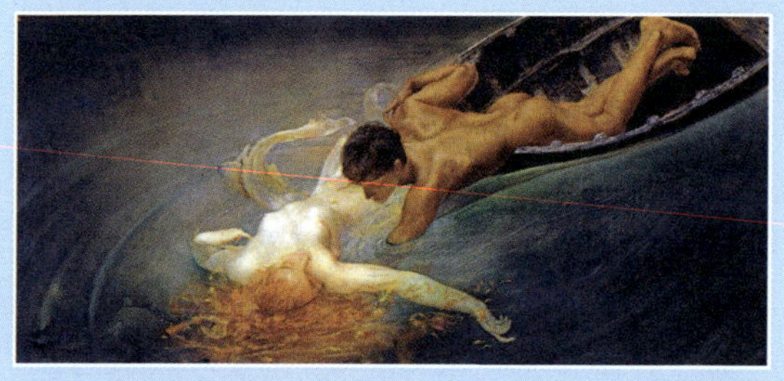

Giulio Aristide Sartorio
GRÜNER ABGRUND ODER
TOD DER OPHELIA
– um 1900 –
Private Sammlung

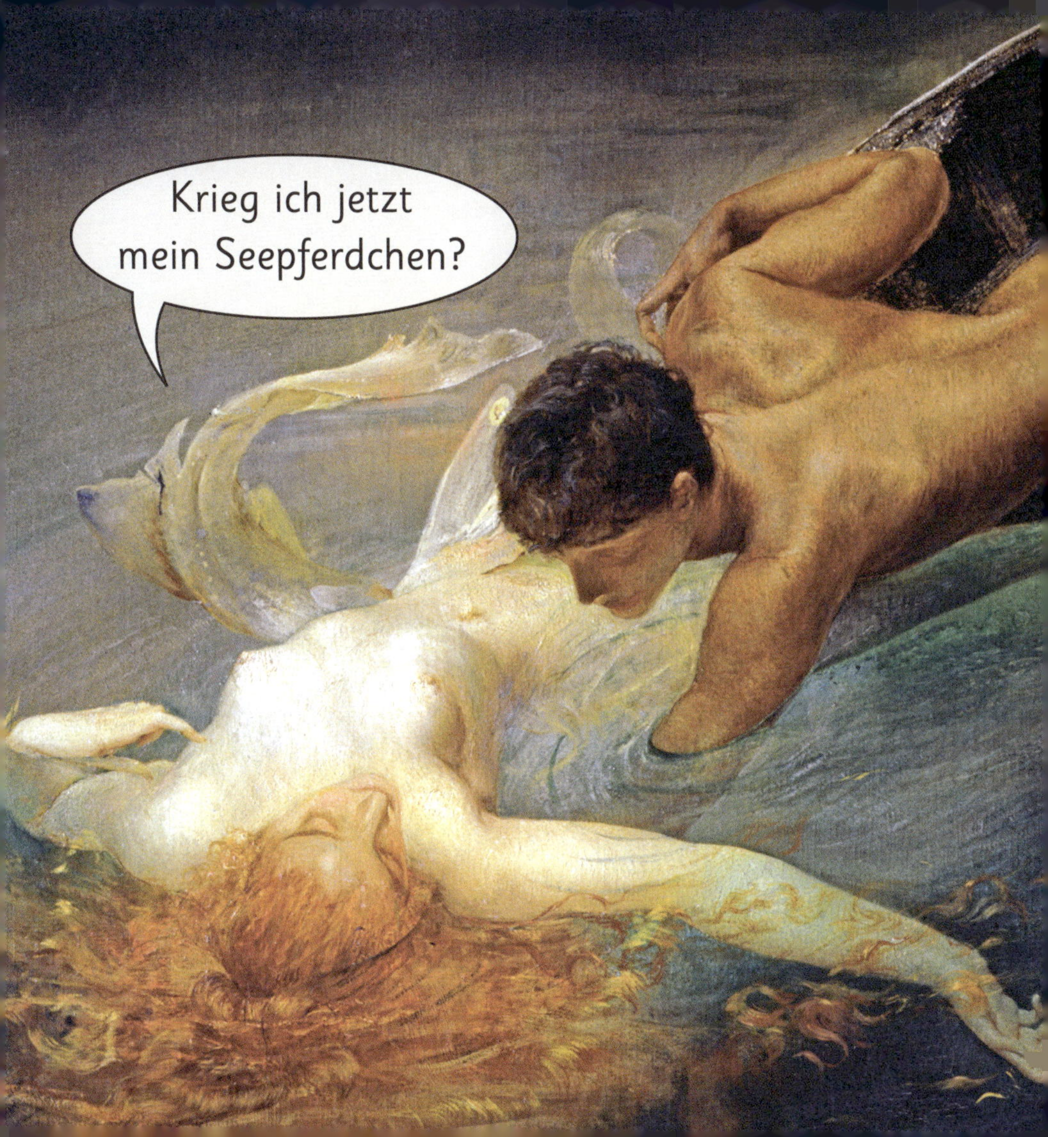
Krieg ich jetzt mein Seepferdchen?

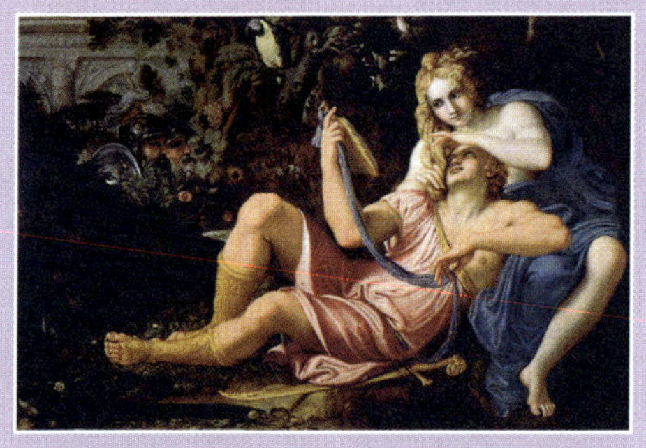

Annibale Caracci
RINALDO UND ARMIDA
– XVII. Jahrhundert –
Museo di Capodimonte, Neapel

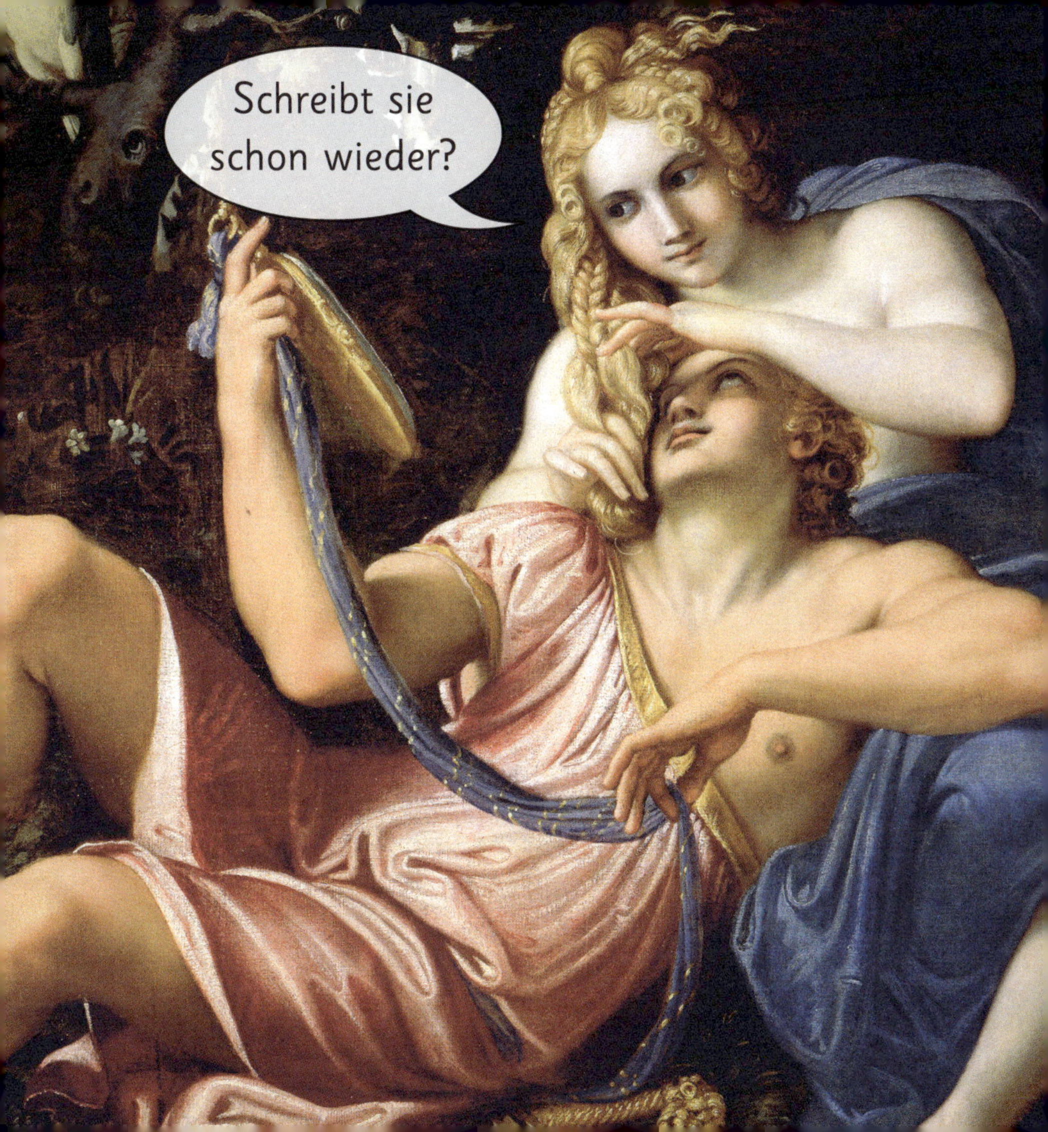
Schreibt sie schon wieder?

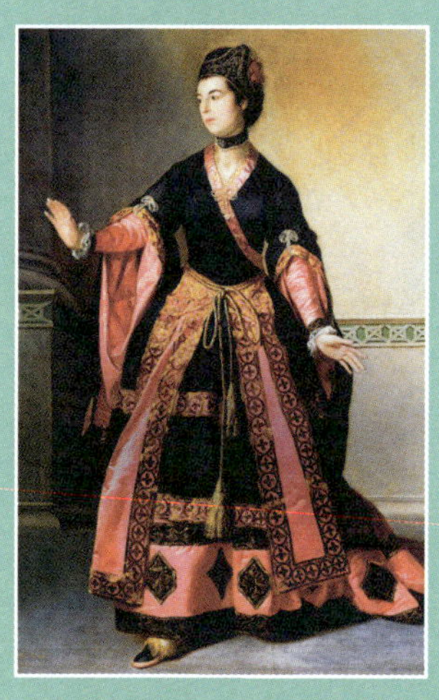

Tilly Kettle
MRS. YATES ALS MANDANE IN
»DAS WAISENKIND AUS CHINA«
– um 1765 –
Tate Gallery, London

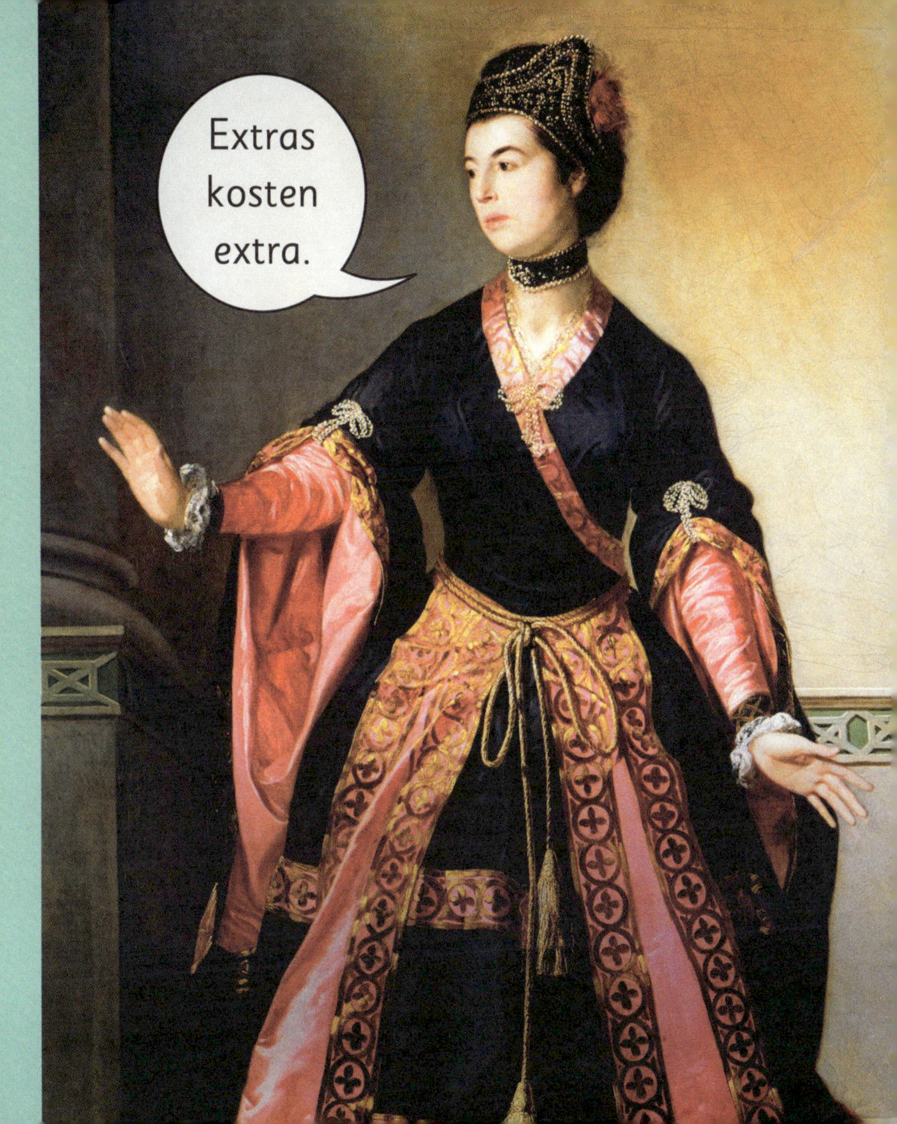
Extras kosten extra.

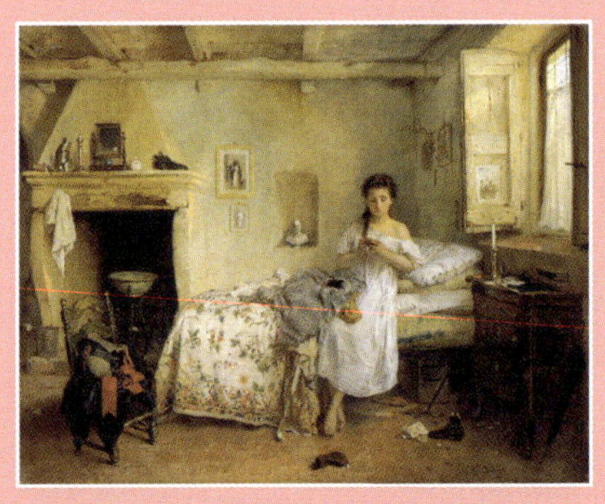

Girolamo Induno
TRAURIGE VORAHNUNG
– 1862 –
Pinacoteca di Brera, Mailand

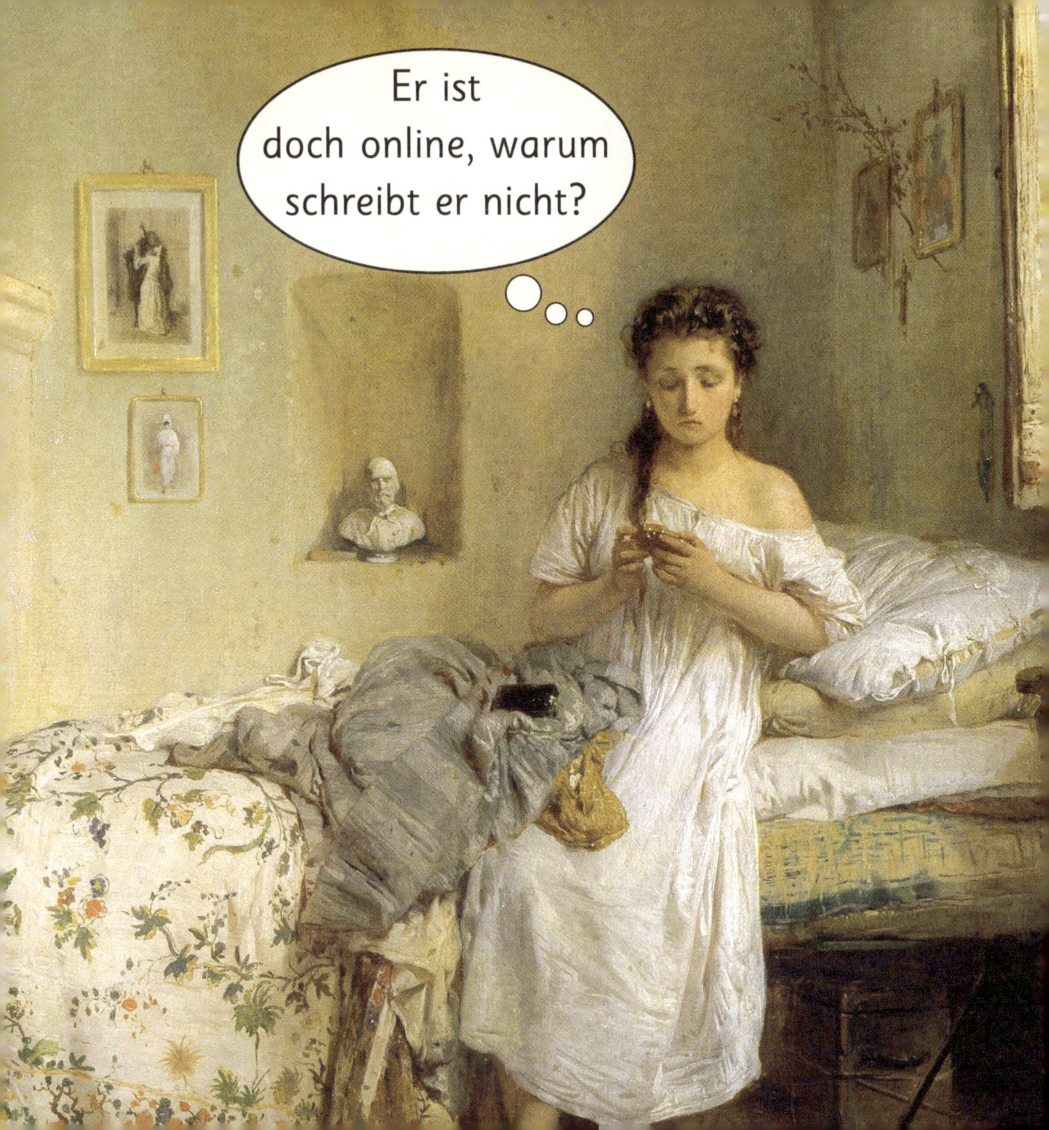
Er ist
doch online, warum
schreibt er nicht?

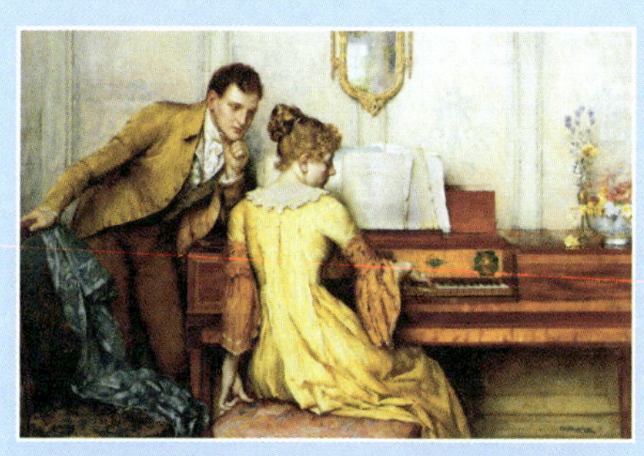

William Arthur Breakspeare
ARPEGGIO
– XX. Jahrhundert –
Private Sammlung

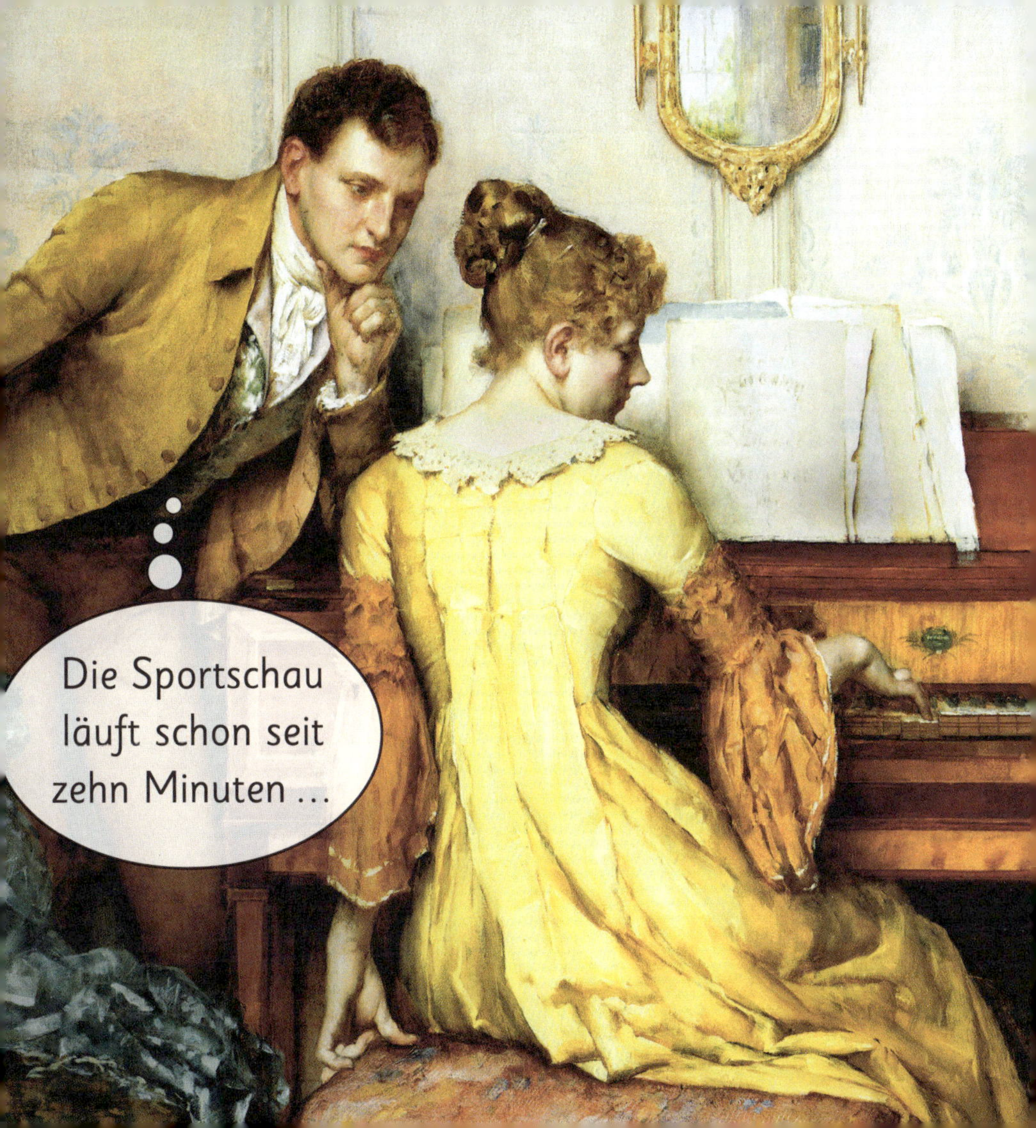
Die Sportschau läuft schon seit zehn Minuten …

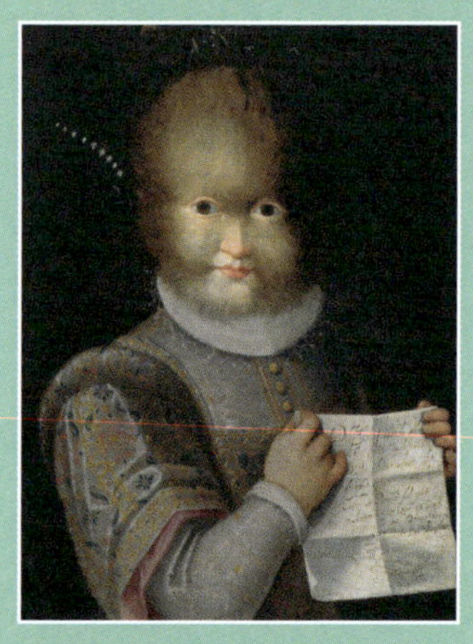

Lavinia Fontana
PORTRAIT DER ANTONIETTA GONSALVO
– um 1583 –
Musée du Château, Blois

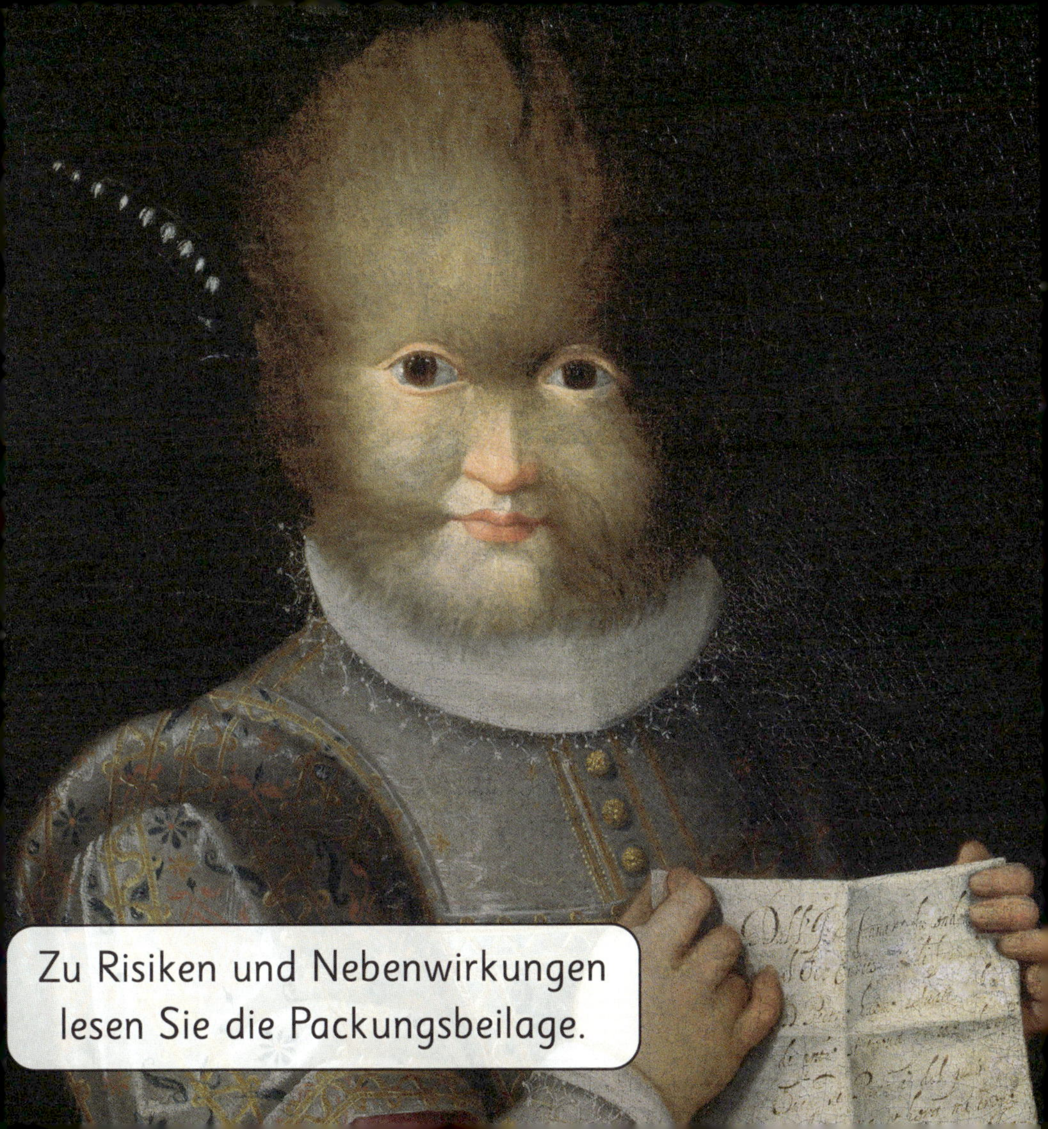
Zu Risiken und Nebenwirkungen
lesen Sie die Packungsbeilage.

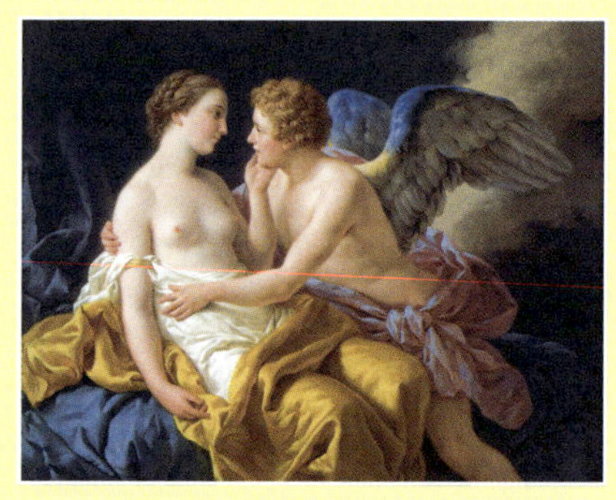

Louis-Jean-François Lagrene
AMOR UND PSYCHE
– 1767 –
Nationalmuseum, Stockholm

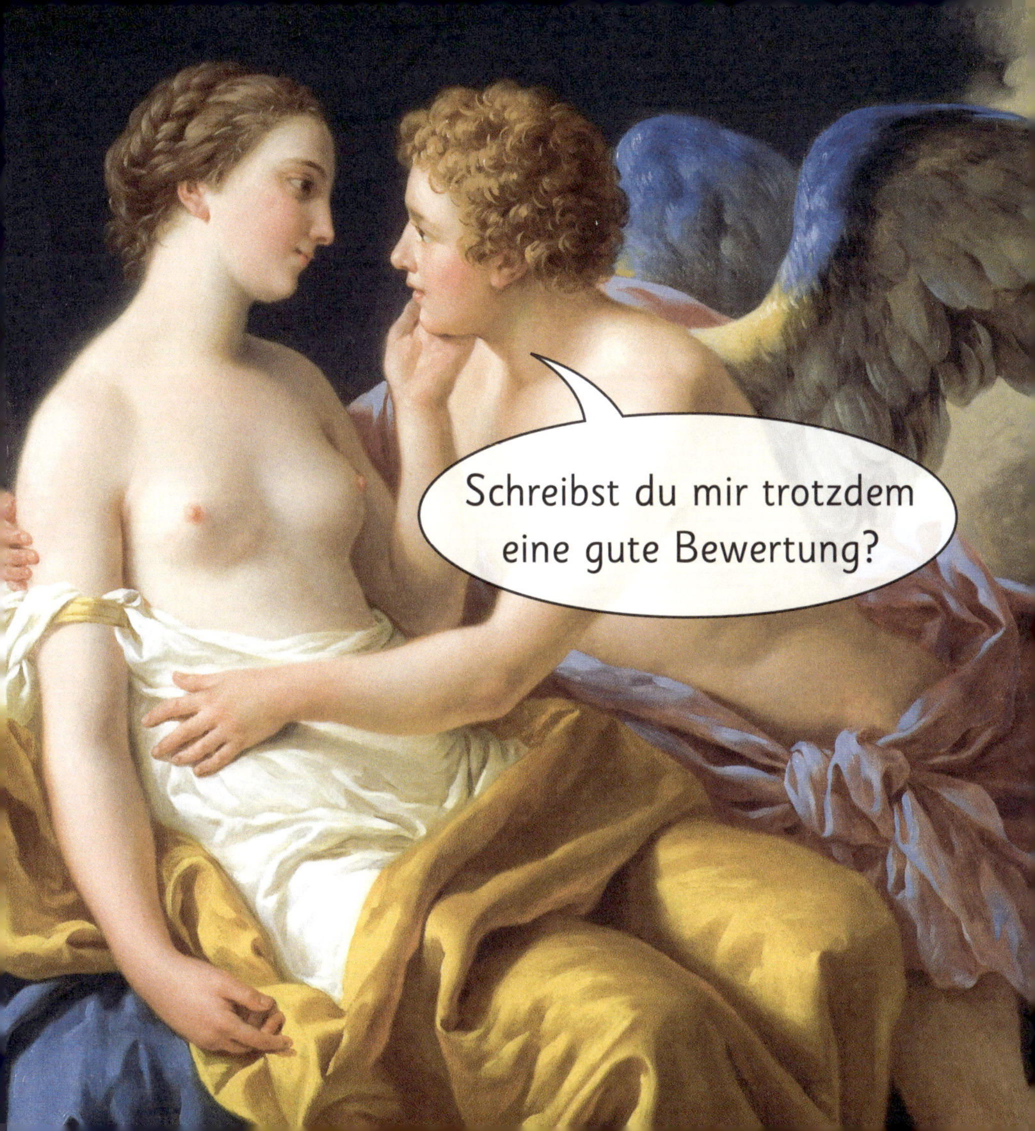
Schreibst du mir trotzdem eine gute Bewertung?

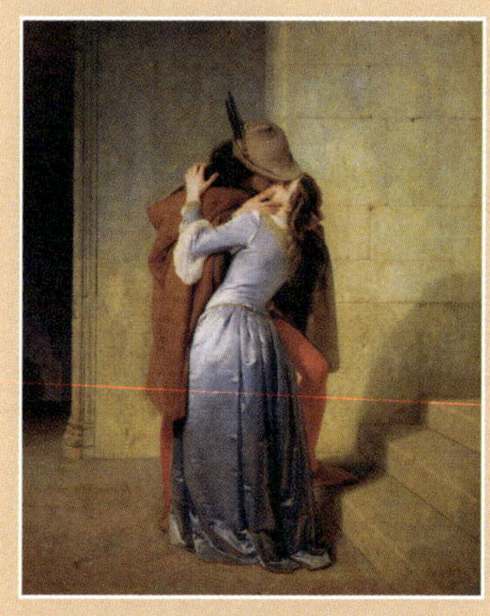

Francesco Hayez
DER KUSS
– 1859 –
Pinacoteca di Brera, Mailand

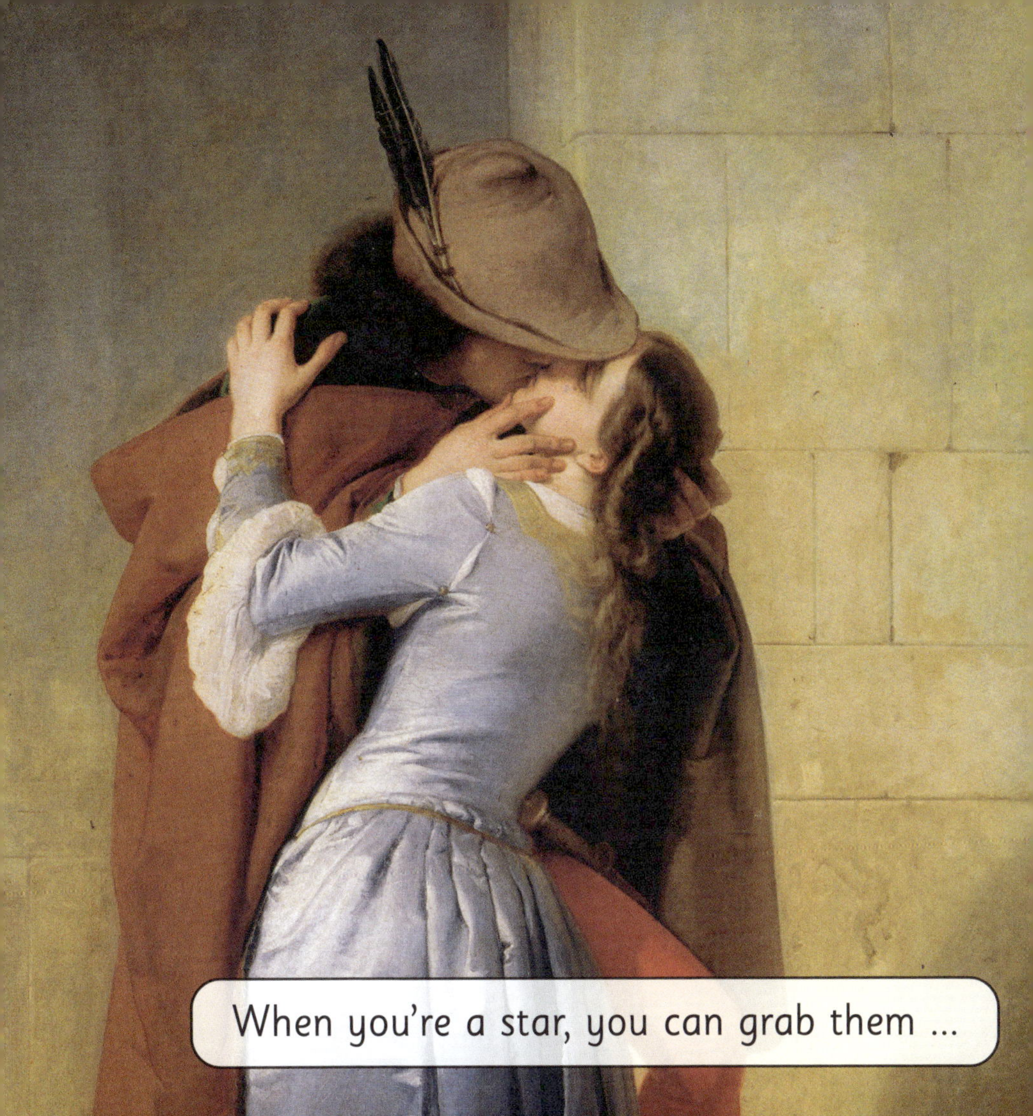
When you're a star, you can grab them ...

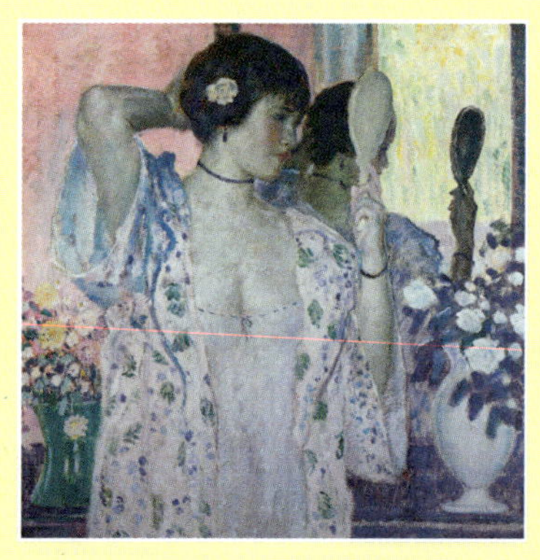

Frederick Carl Frieseke
DER SPIEGEL
– um 1890 –
Private Sammlung

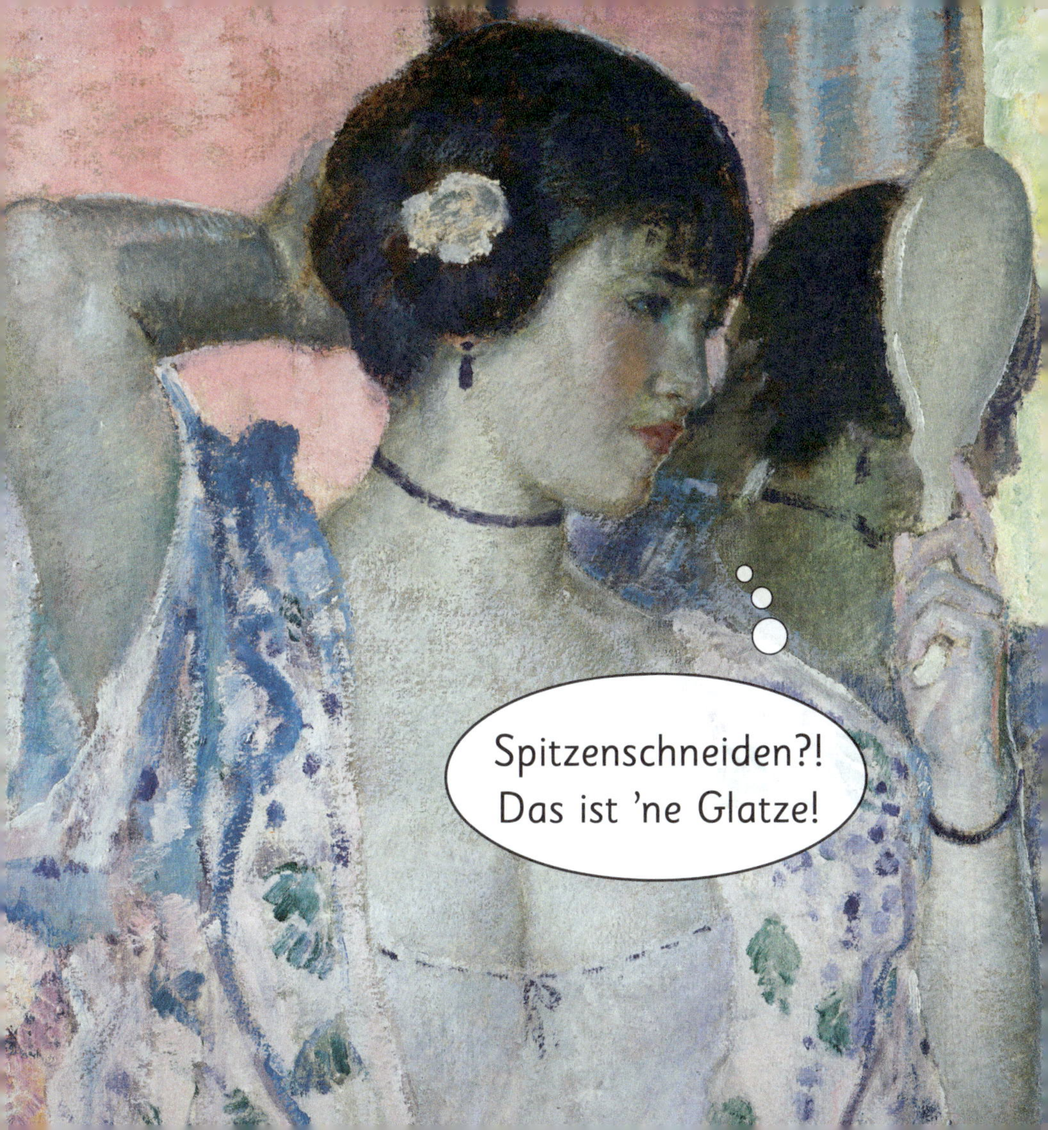
Spitzenschneiden?!
Das ist ’ne Glatze!

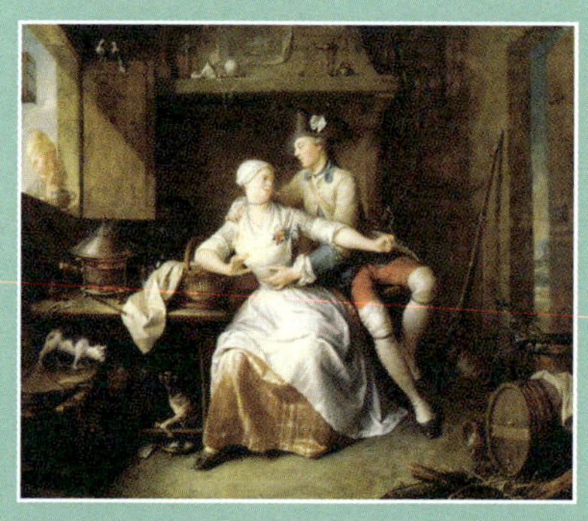

Philippe Mercier
DIE AUFGEWECKTE JUNGE FRAU
– XVIII. Jahrhundert –
Anglesey Abbey, Cambridge

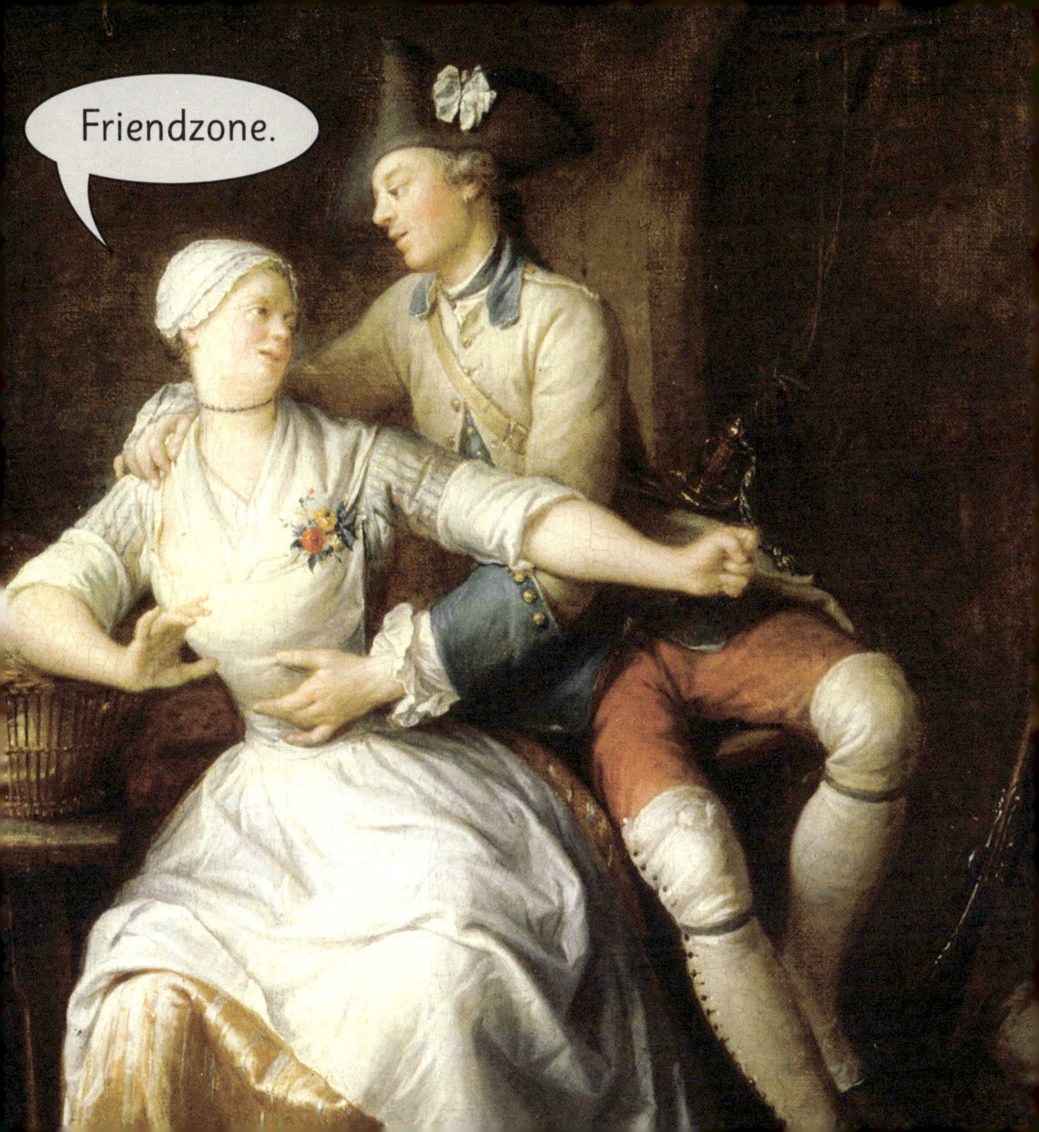
Friendzone.

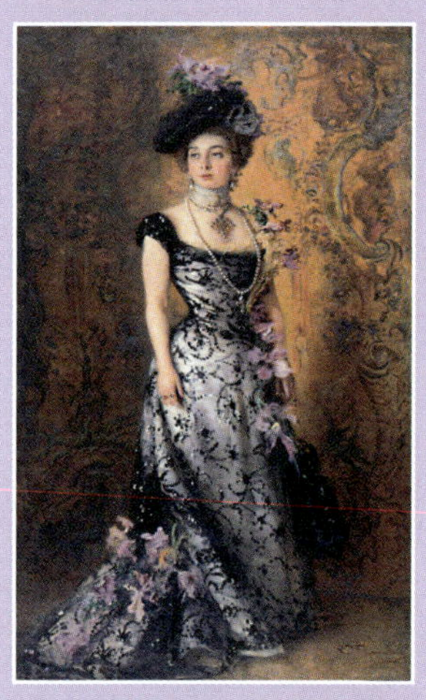

Konstantin Jegorowitsch Makowski
ELEGANTE DAME MIT ORCHIDEEN
– 1900 –
Private Sammlung

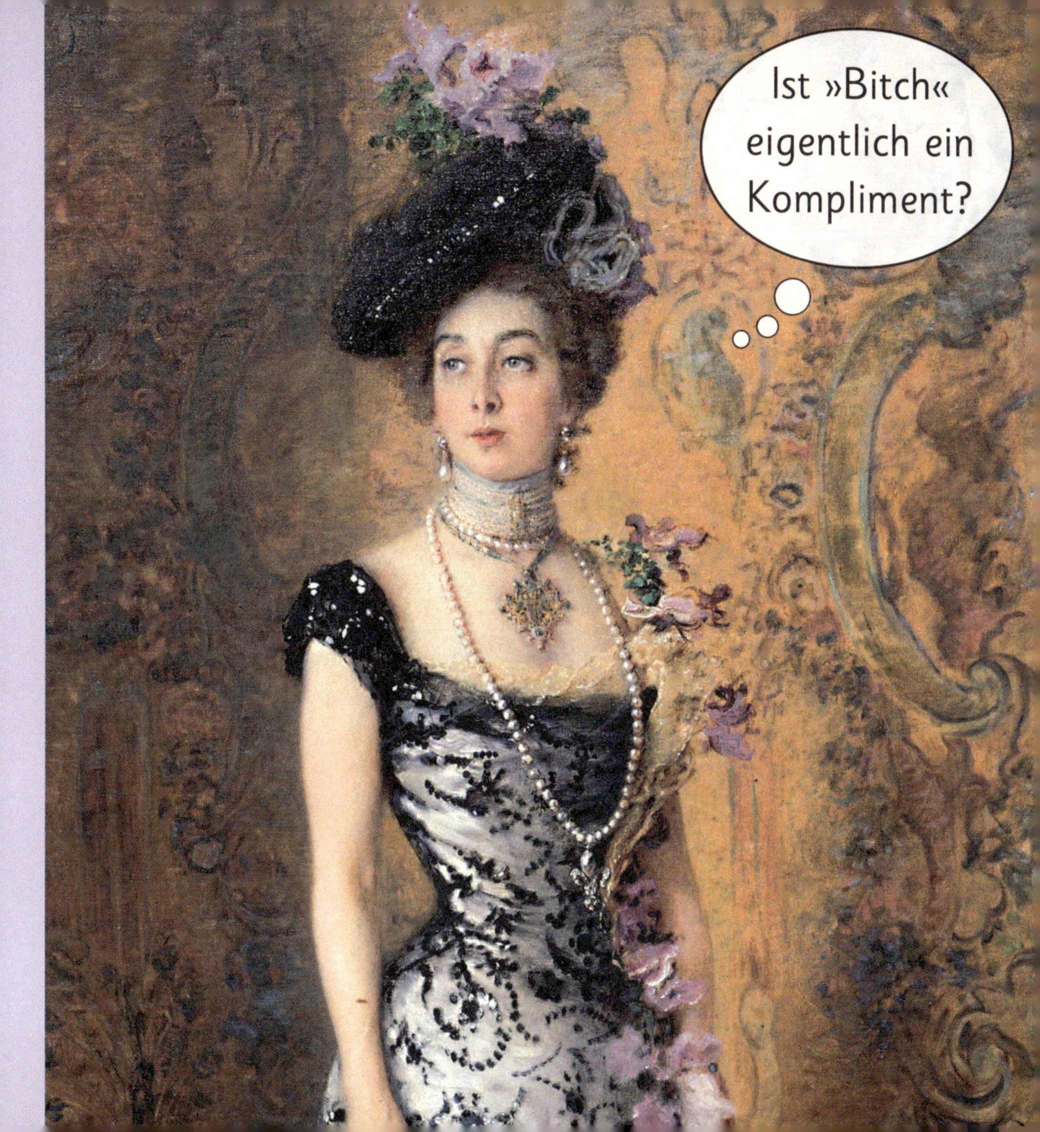
Ist »Bitch«
eigentlich ein
Kompliment?

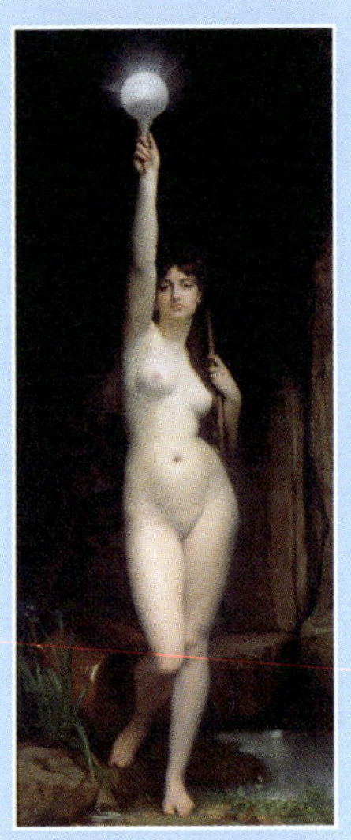

Jules Joseph Lefebvre
DIE WAHRHEIT
– 1870 –
Musée d'Orsay, Paris

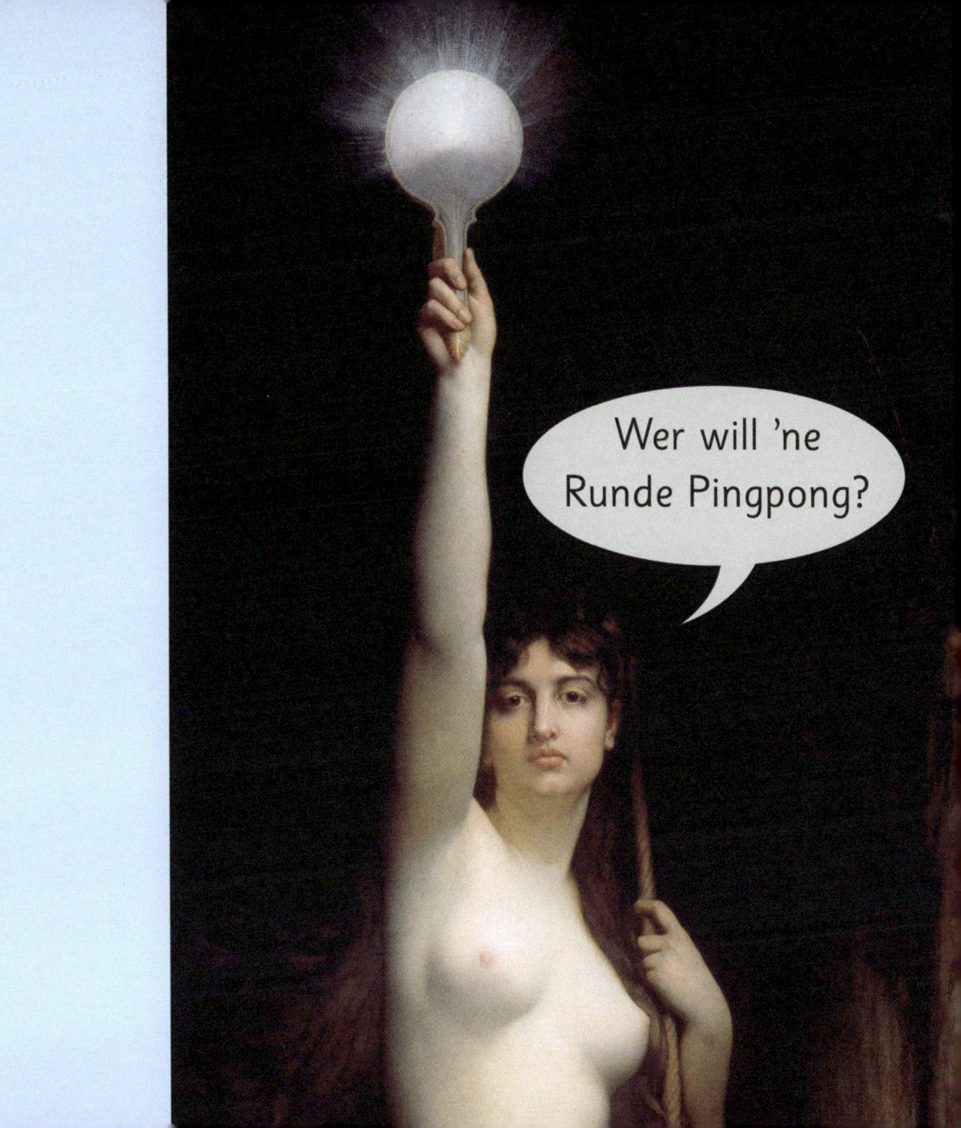
Wer will ’ne
Runde Pingpong?

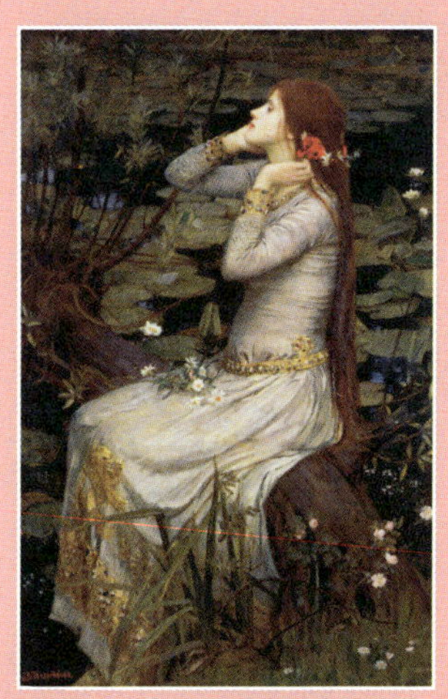

John William Waterhouse
OPHELIA
– 1894 –
Private Sammlung

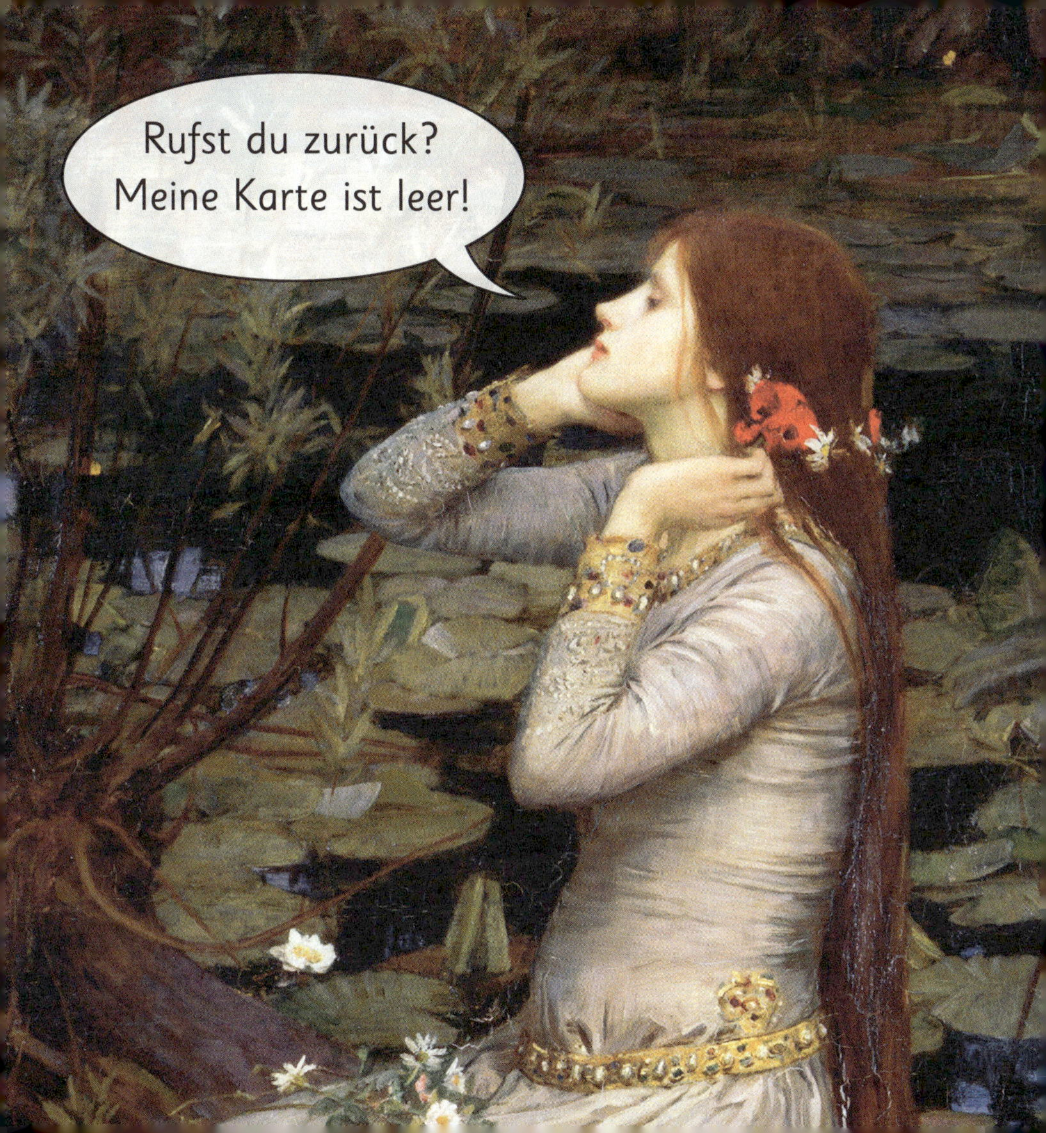
Rufst du zurück?
Meine Karte ist leer!

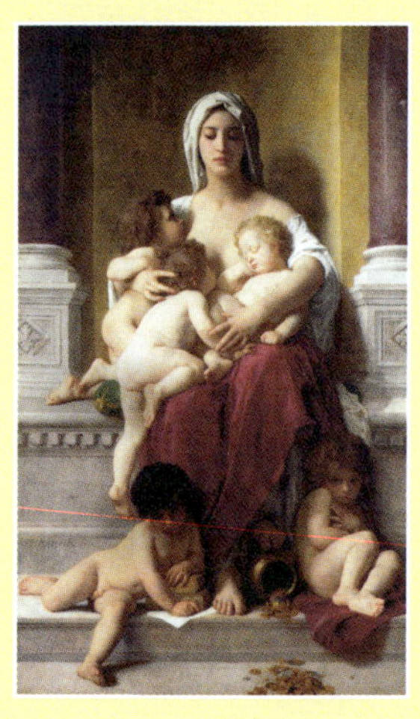

William-Adolphe Bouguereau
DIE BARMHERZIGKEIT
– 1878 –
Private Sammlung

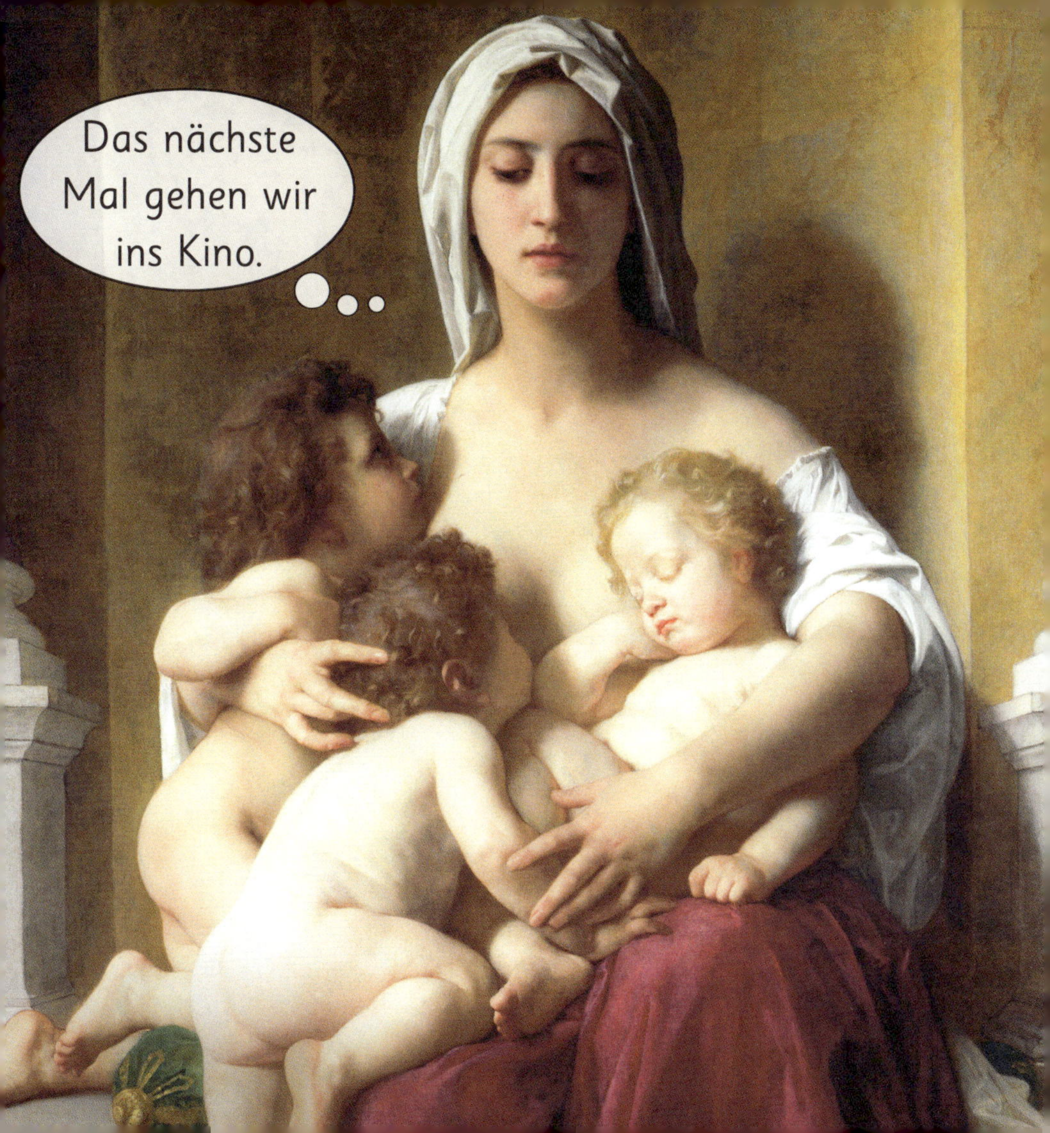
Das nächste Mal gehen wir ins Kino.

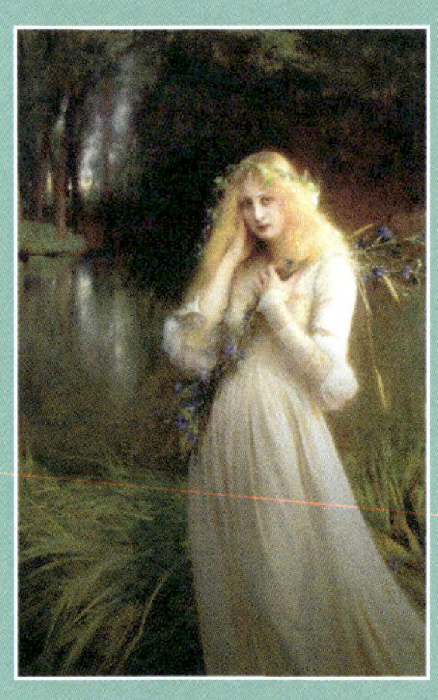

Pascal Adolphe Jean Dagnan-Bouveret
OPHELIA
– 1900 –
Private Sammlung

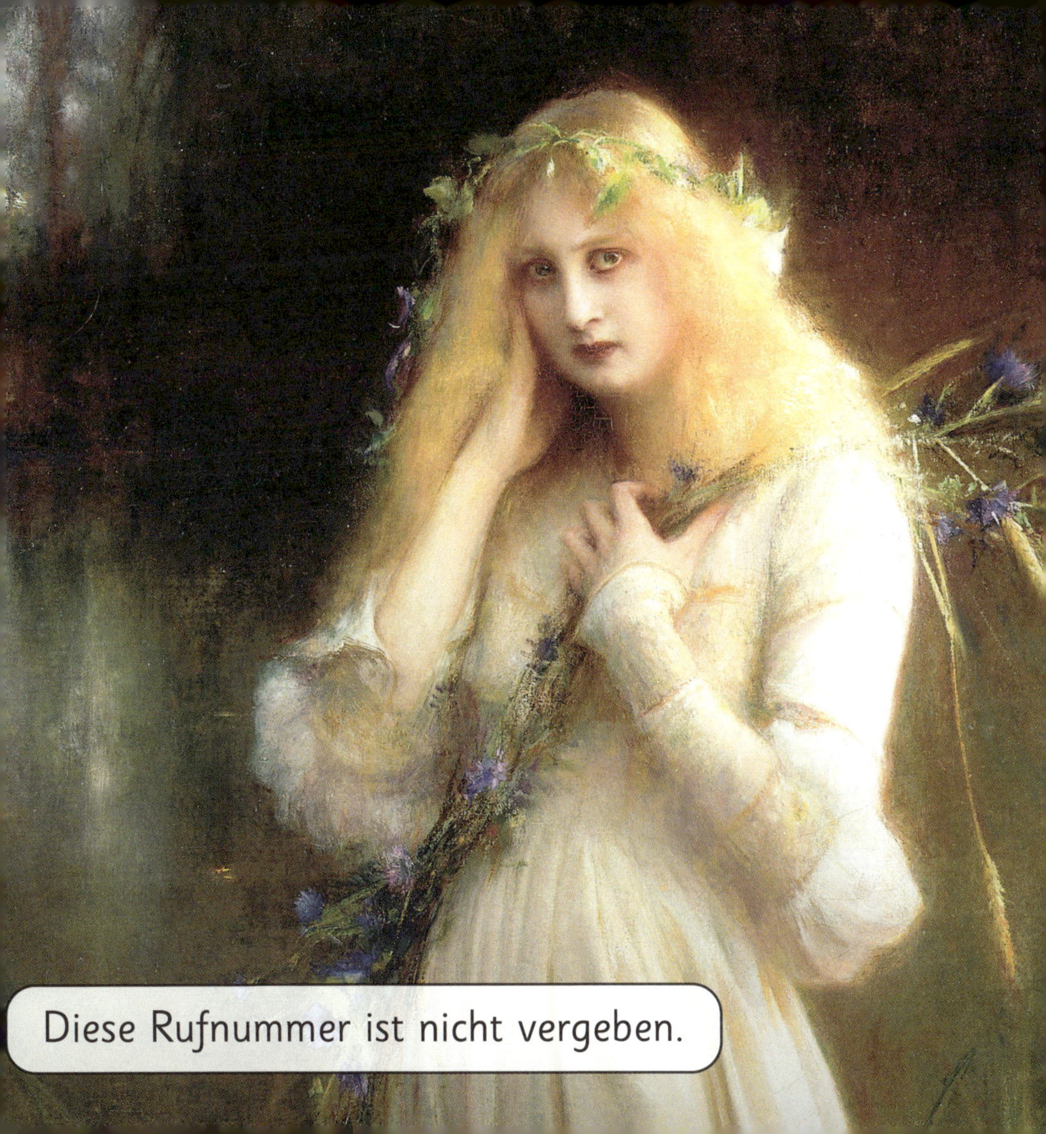
Diese Rufnummer ist nicht vergeben.

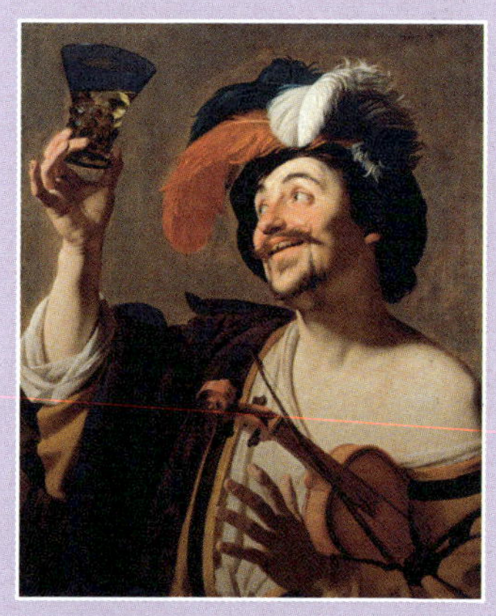

Gerrit van Honthorst
DER FRÖHLICHE GEIGER
– um 1624 –
Museo Thyssen-Bornemisza, Madrid

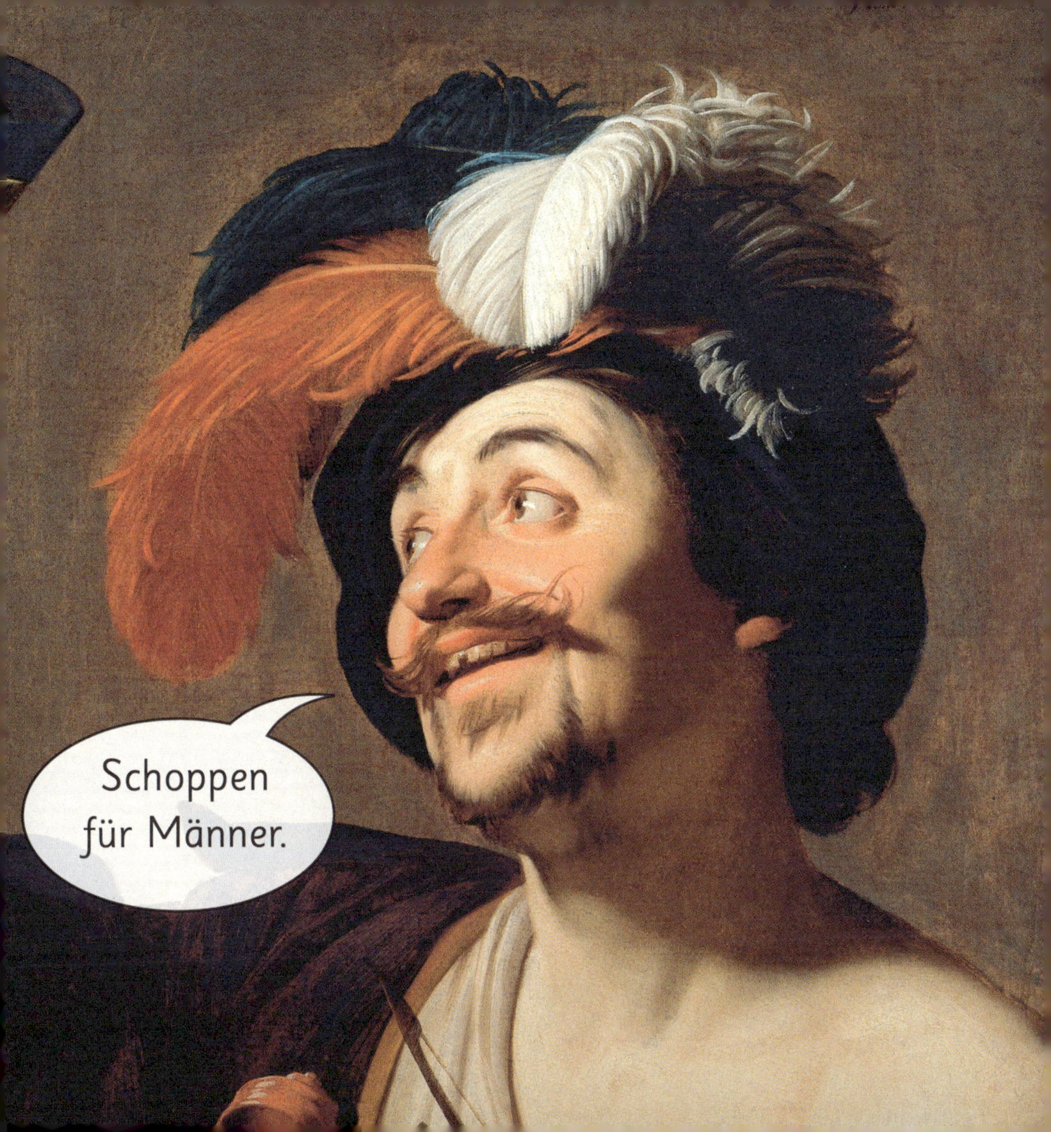
Schoppen für Männer.

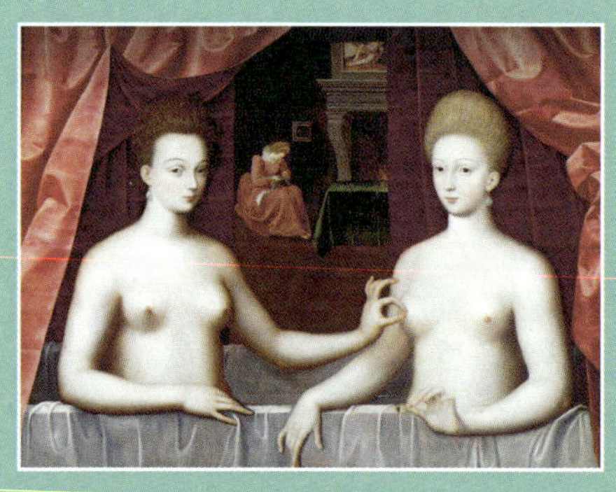

Schule von Fontainebleau
GABRIELLE D'ESTRÉES
UND EINE IHRER SCHWESTERN
– XVI. Jahrhundert –
Musée du Louvre, Paris

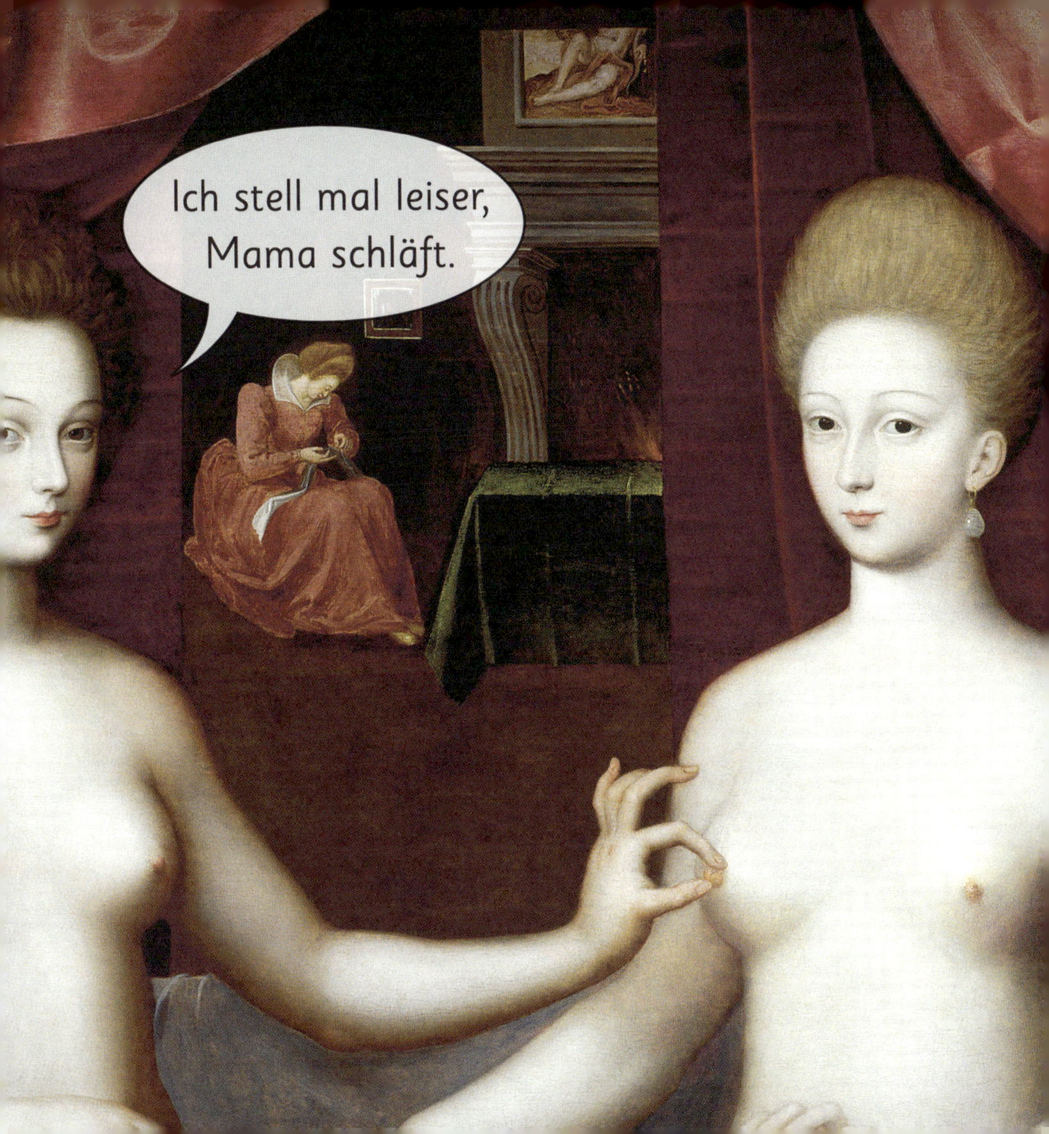
Ich stell mal leiser,
Mama schläft.

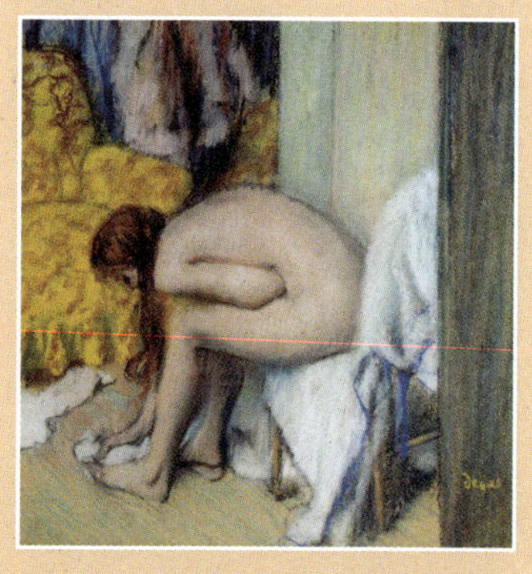

Edgar Degas
NACKTE FRAU,
SICH DIE FÜSSE TROCKNEND
– 1879 bis 93 –
Musée d'Orsay, Paris

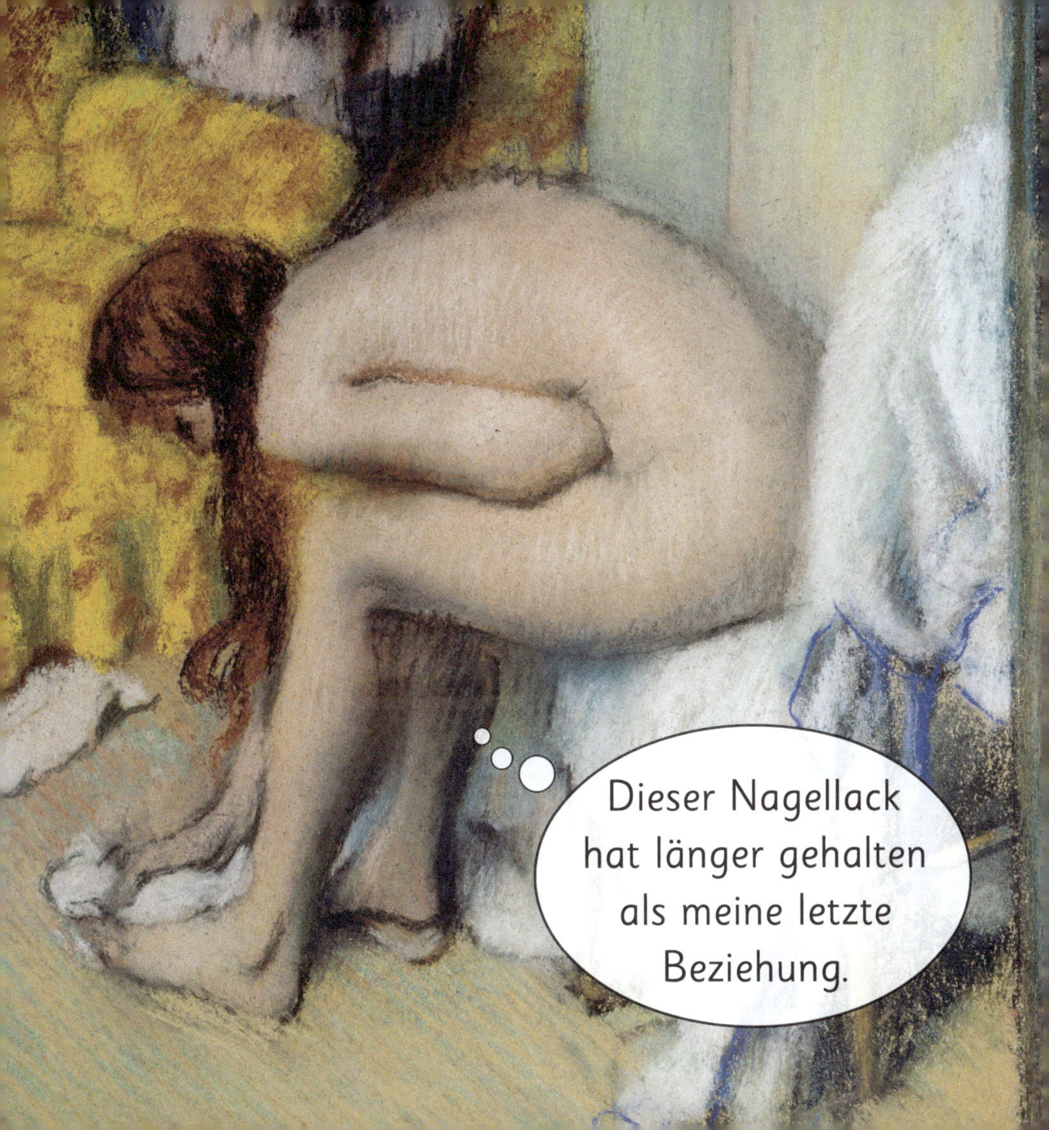
Dieser Nagellack hat länger gehalten als meine letzte Beziehung.

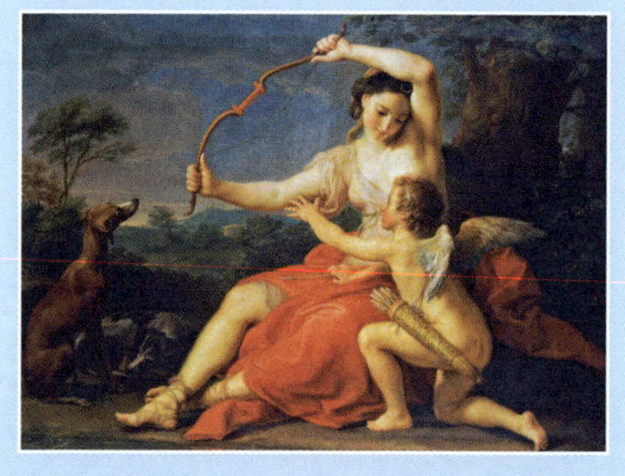

Pompeo Girolamo Batoni
DIANA ZERBRICHT CUPIDOS BOGEN
– 1761 –
The Metropolitan Museum of Art, New York

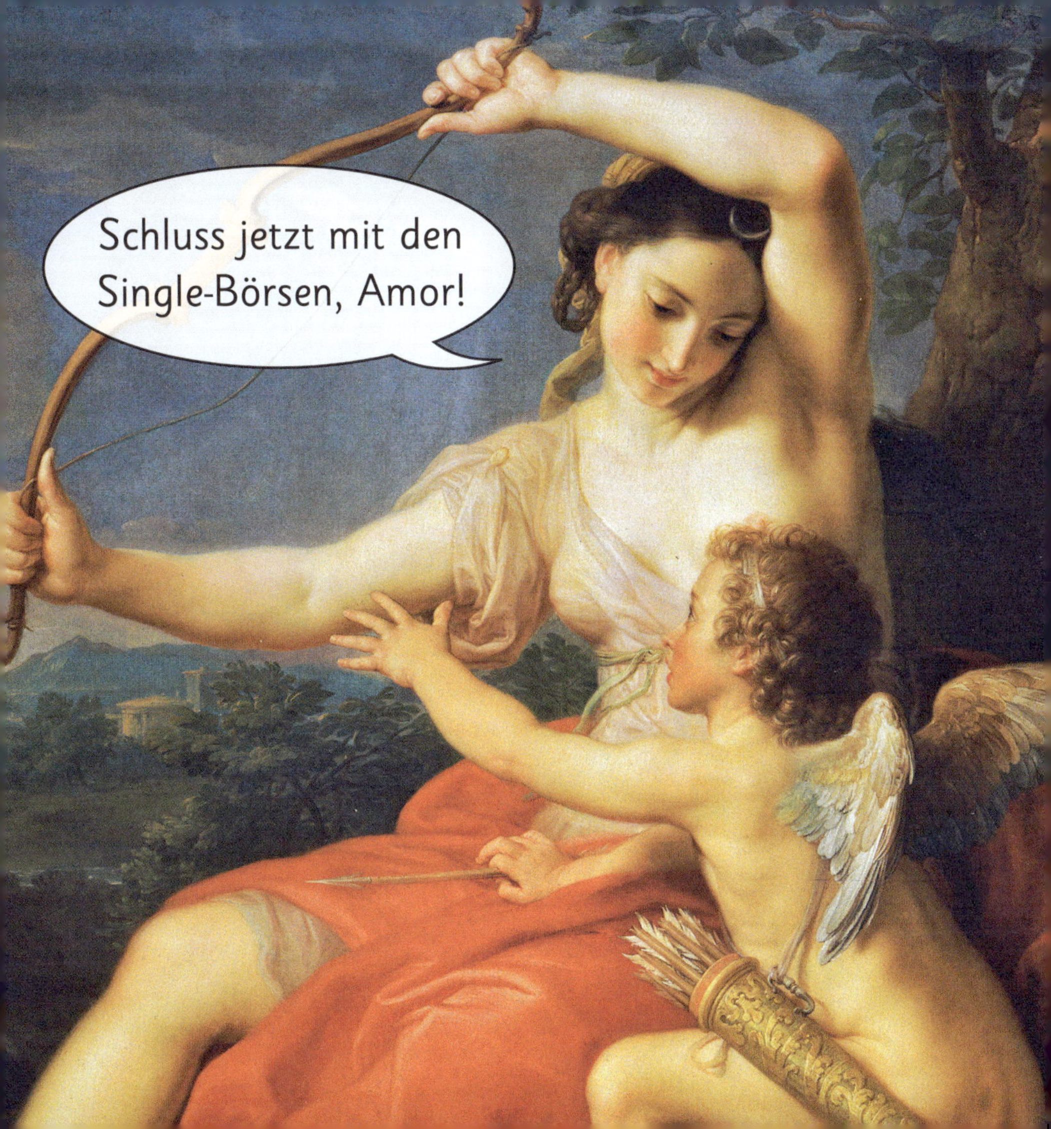
Schluss jetzt mit den Single-Börsen, Amor!

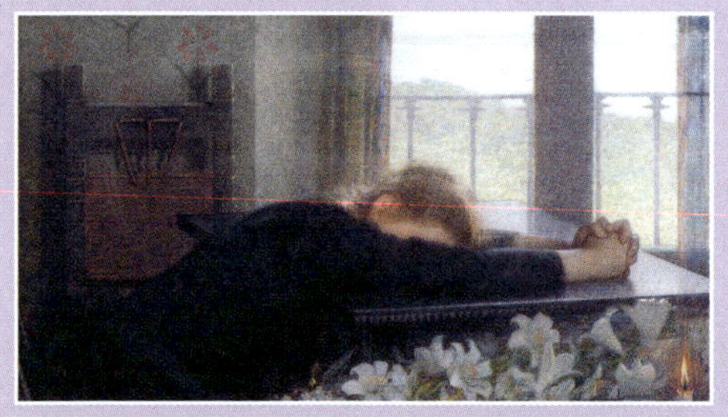

Enrico Longoni
EINSAMKEIT
– 1900 –
Private Sammlung

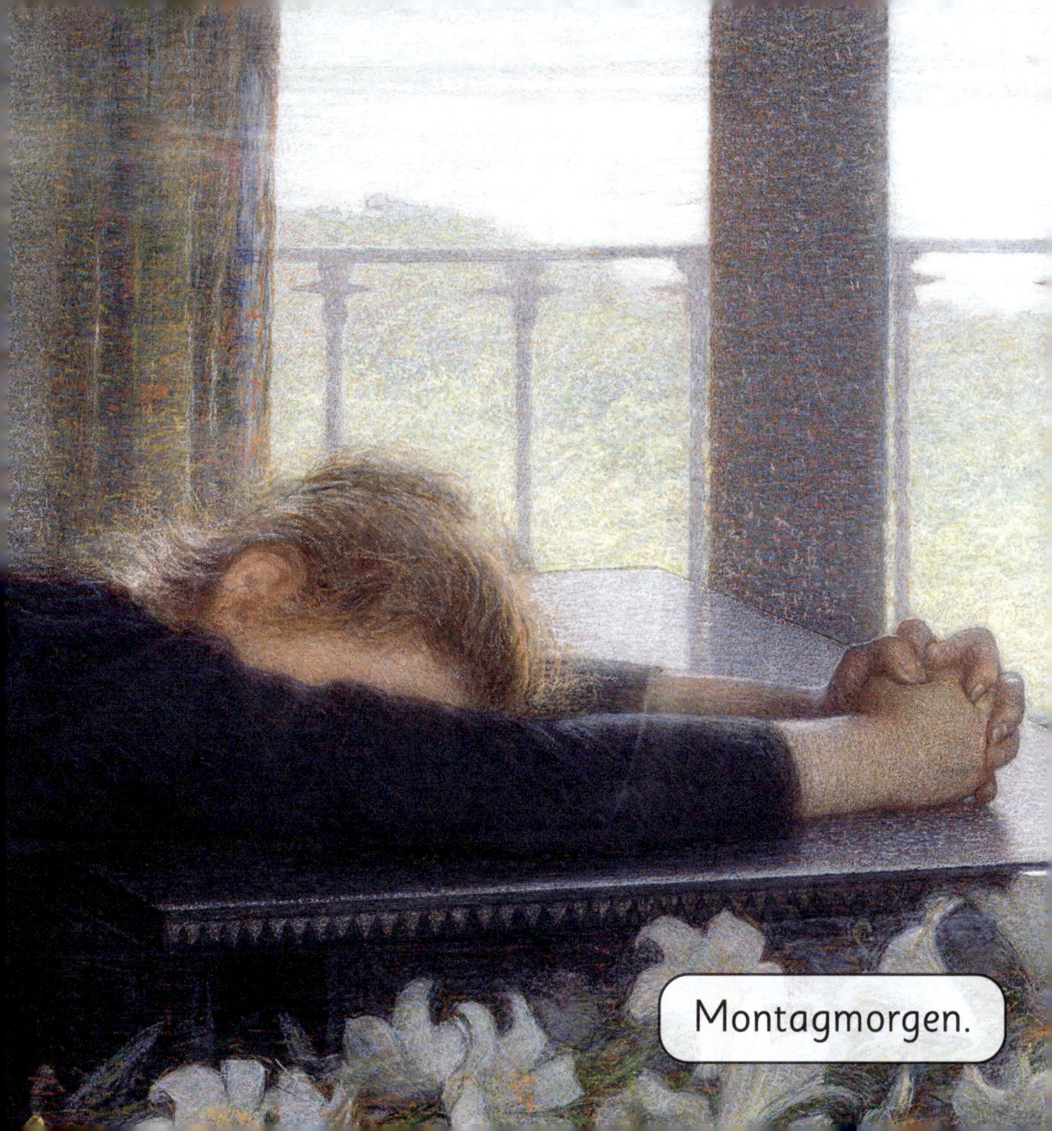
Montagmorgen.

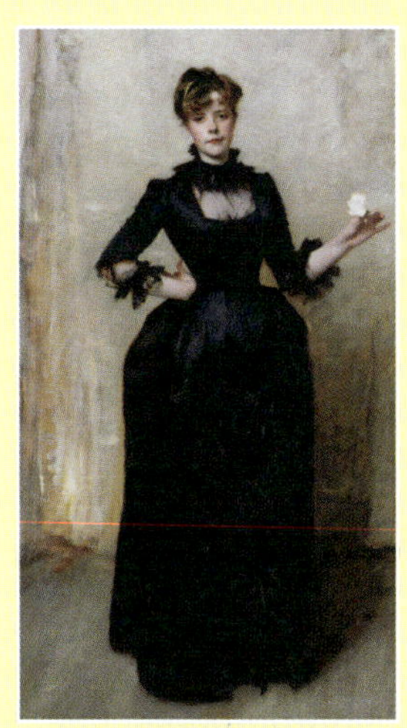

John Singer Sargent
DAME MIT ROSE
(CHARLOTTE LOUISE BURCKHARDT)
– 1882 –
The Metropolitan Museum of Art, New York

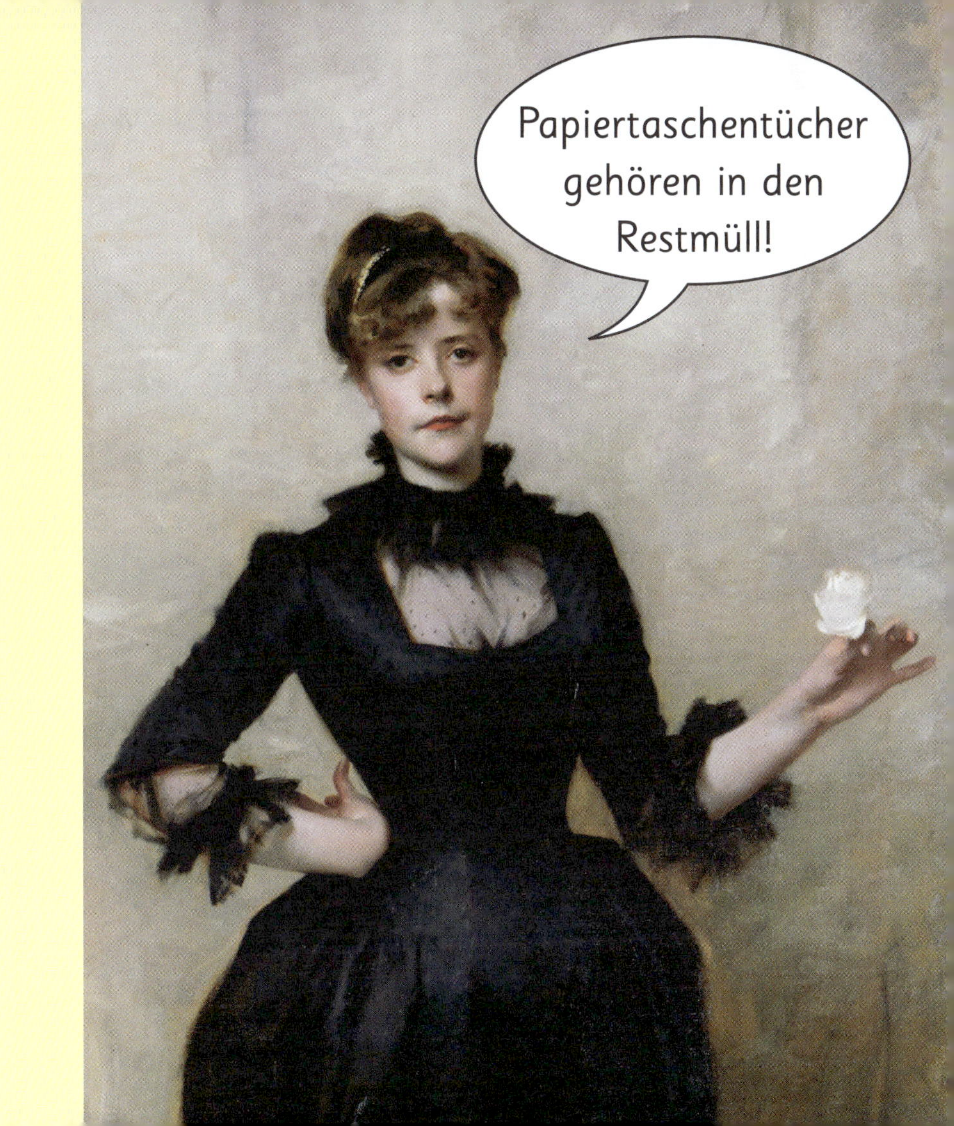
Papiertaschentücher gehören in den Restmüll!

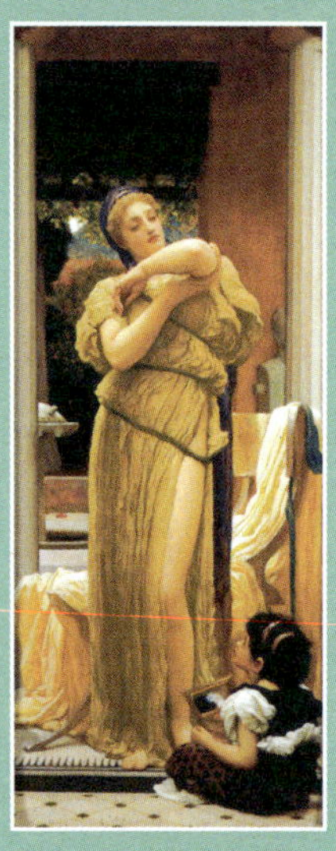

Lord Frederic Leighton
DAS ARMBAND
– XIX. Jahrhundert –
Private Sammlung

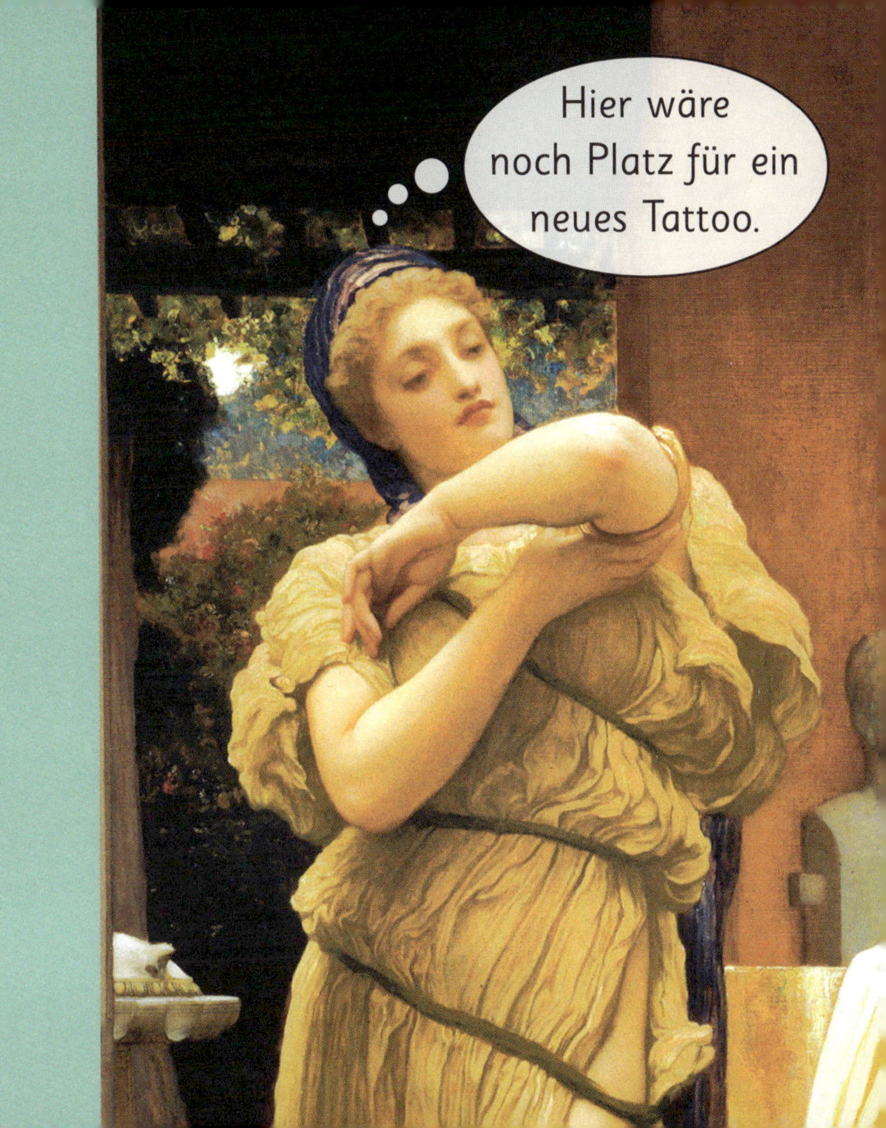
Hier wäre noch Platz für ein neues Tattoo.

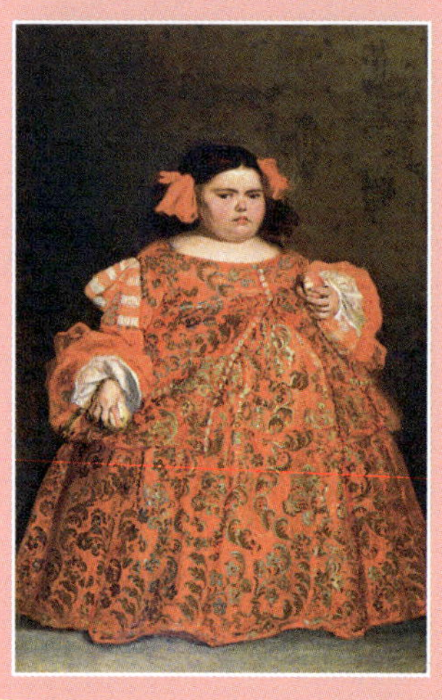

Juan Carreño de Miranda
EUGENIA MARTINEZ VALLEJO
»LA MONSTRUA«, BEKLEIDET
– um 1680 –
Museo del Prado, Madrid

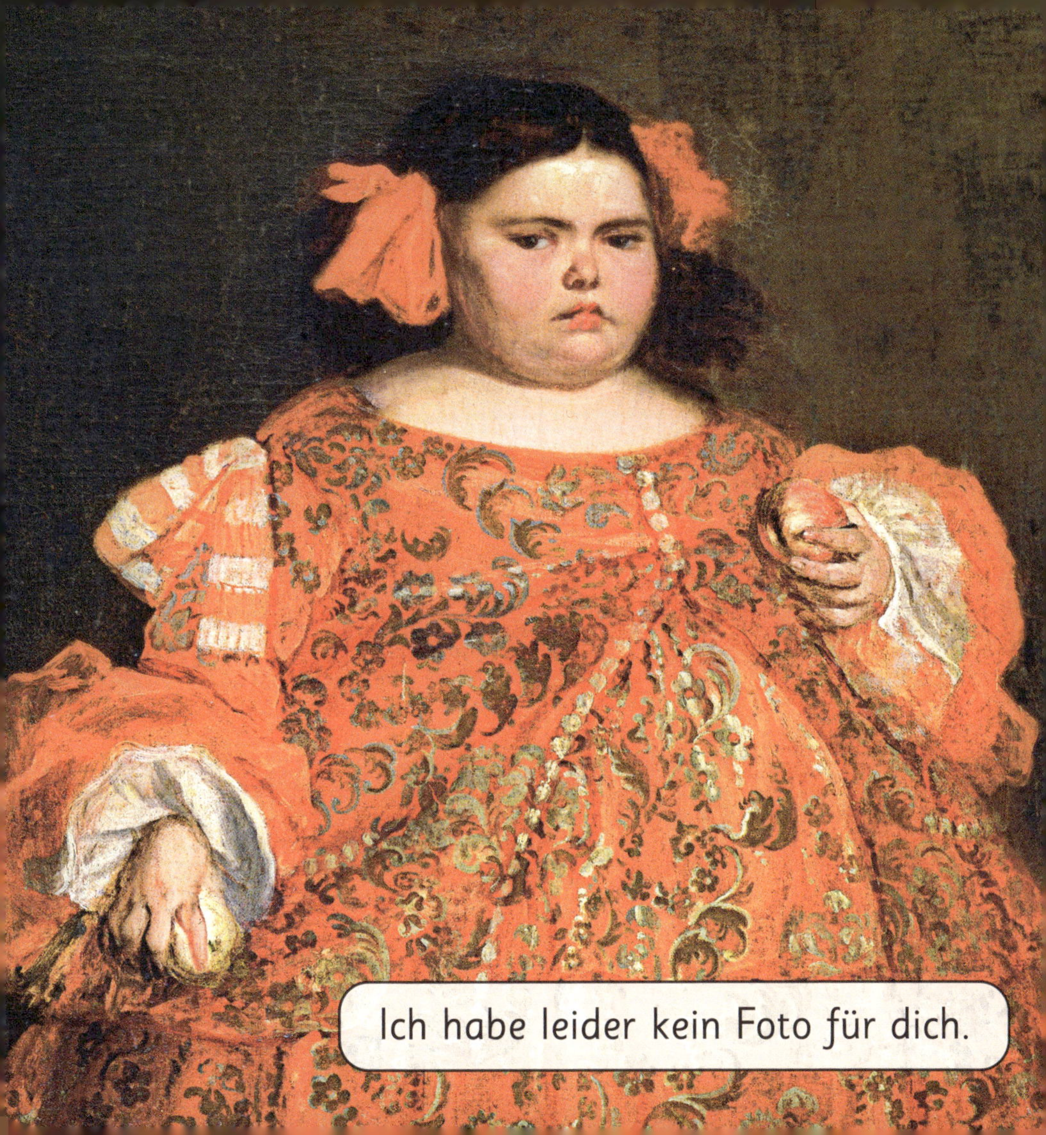
Ich habe leider kein Foto für dich.

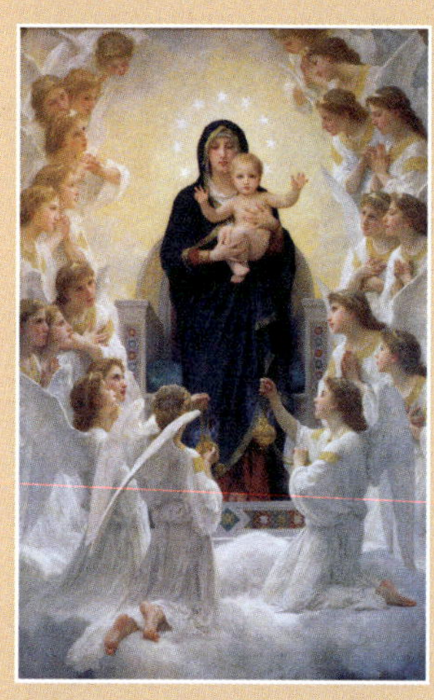

William-Adolphe Bouguereau
JUNGFRAU MIT ENGELN
– 1900 –
Musée du Petit-Palais, Paris

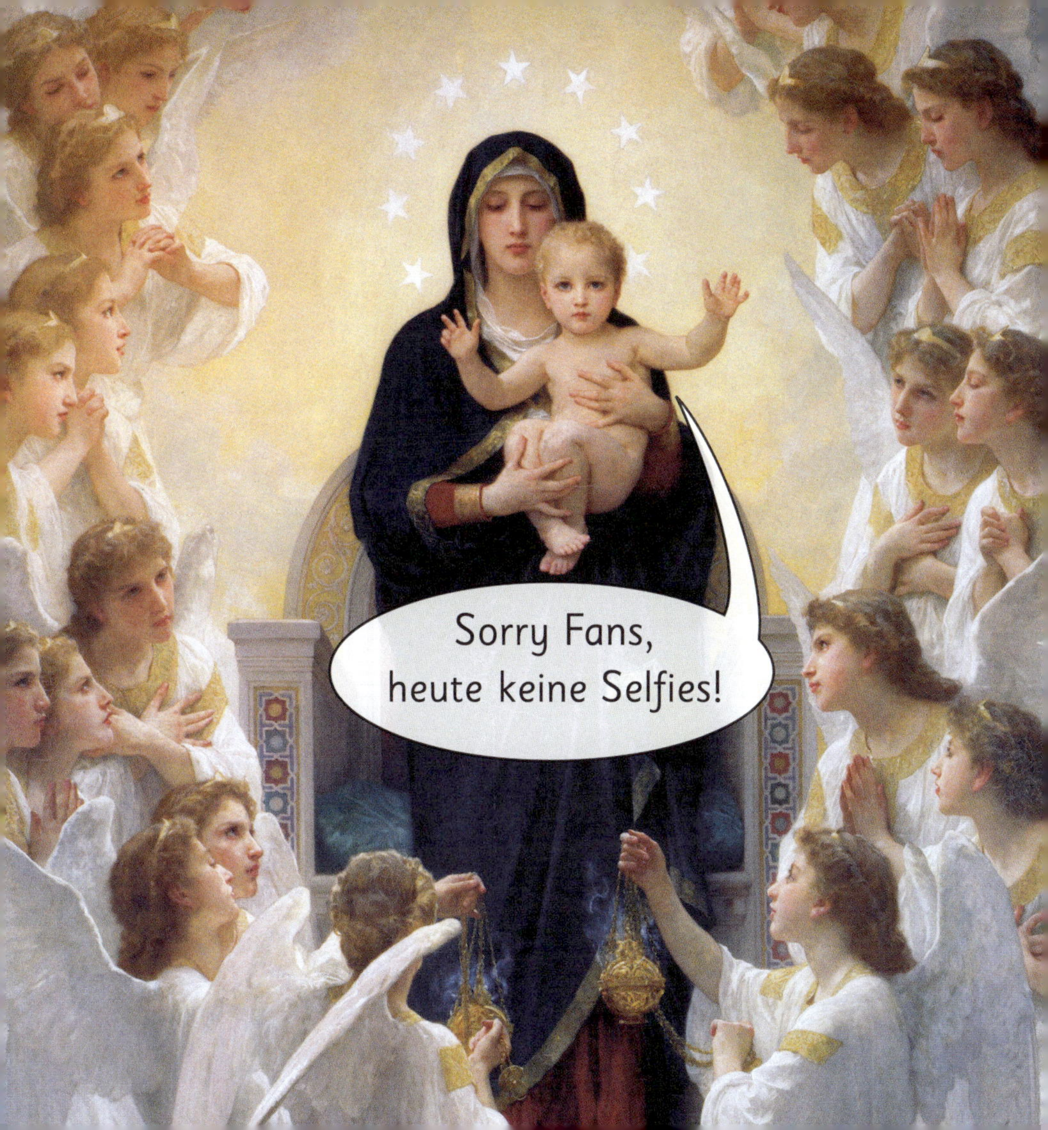
Sorry Fans,
heute keine Selfies!

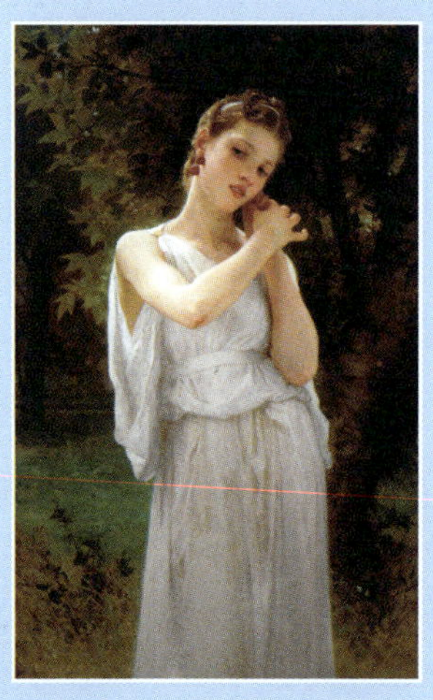

William-Adolphe Bouguereau
DER OHRRING
– 1891 –
Private Sammlung

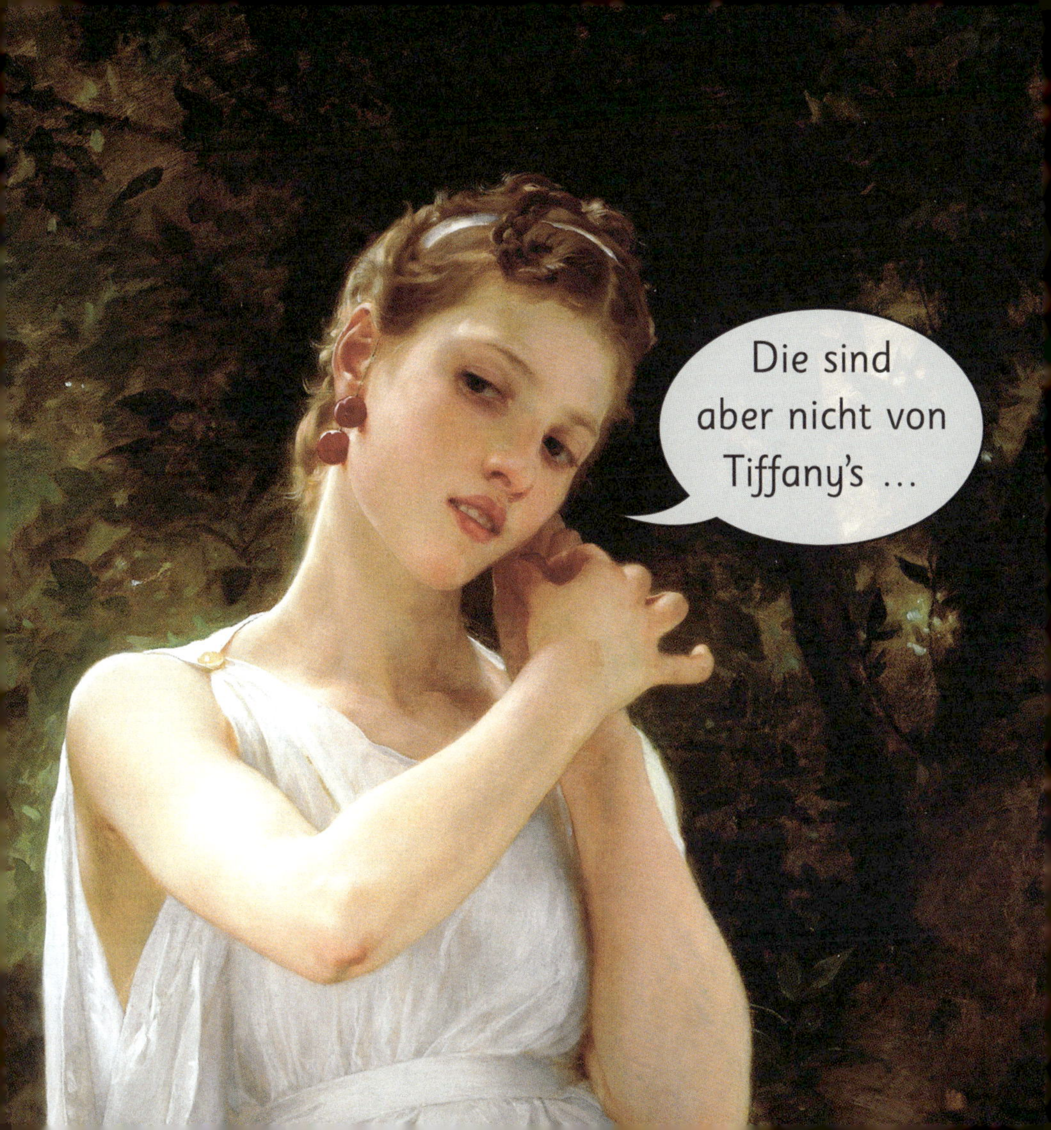
Die sind
aber nicht von
Tiffany's …

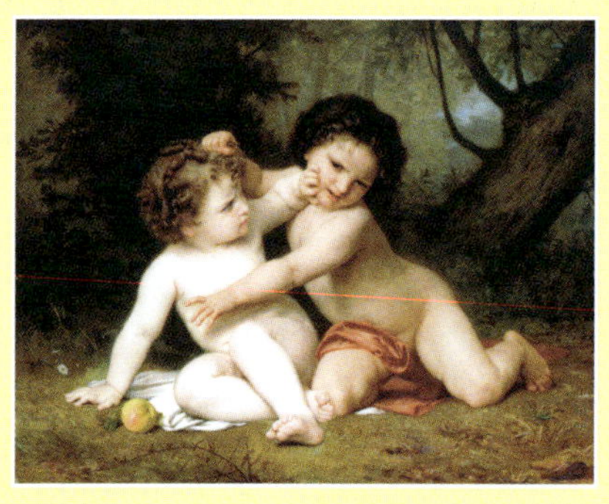

William-Adolphe Bouguereau
DER KAMPF
– 1864 –
Collection Pérez Simon, Mexiko

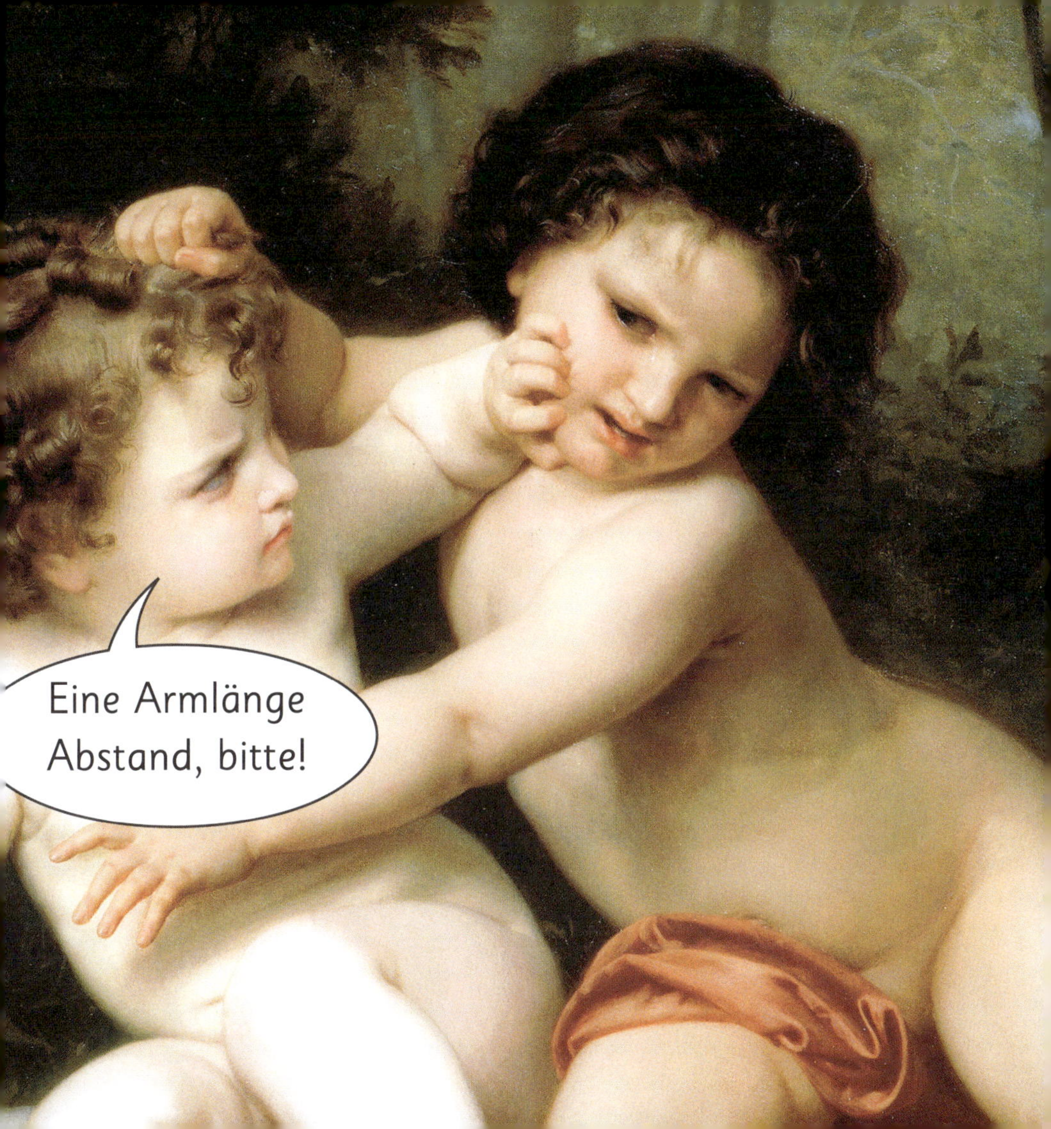
Eine Armlänge
Abstand, bitte!

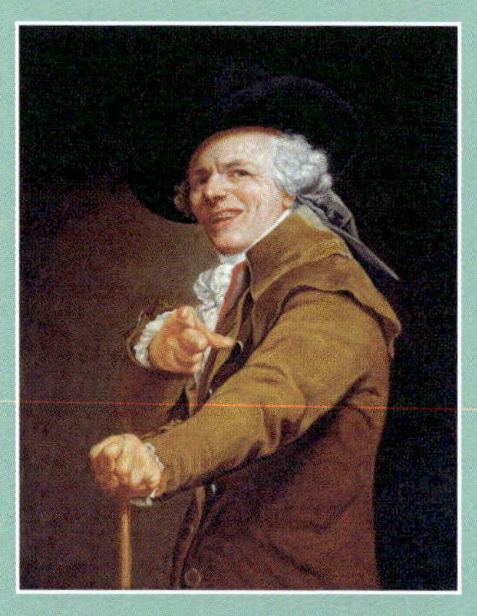

Joseph Ducreux
SELBSTBILDNIS
– 1802 –
Musée du Louvre, Paris

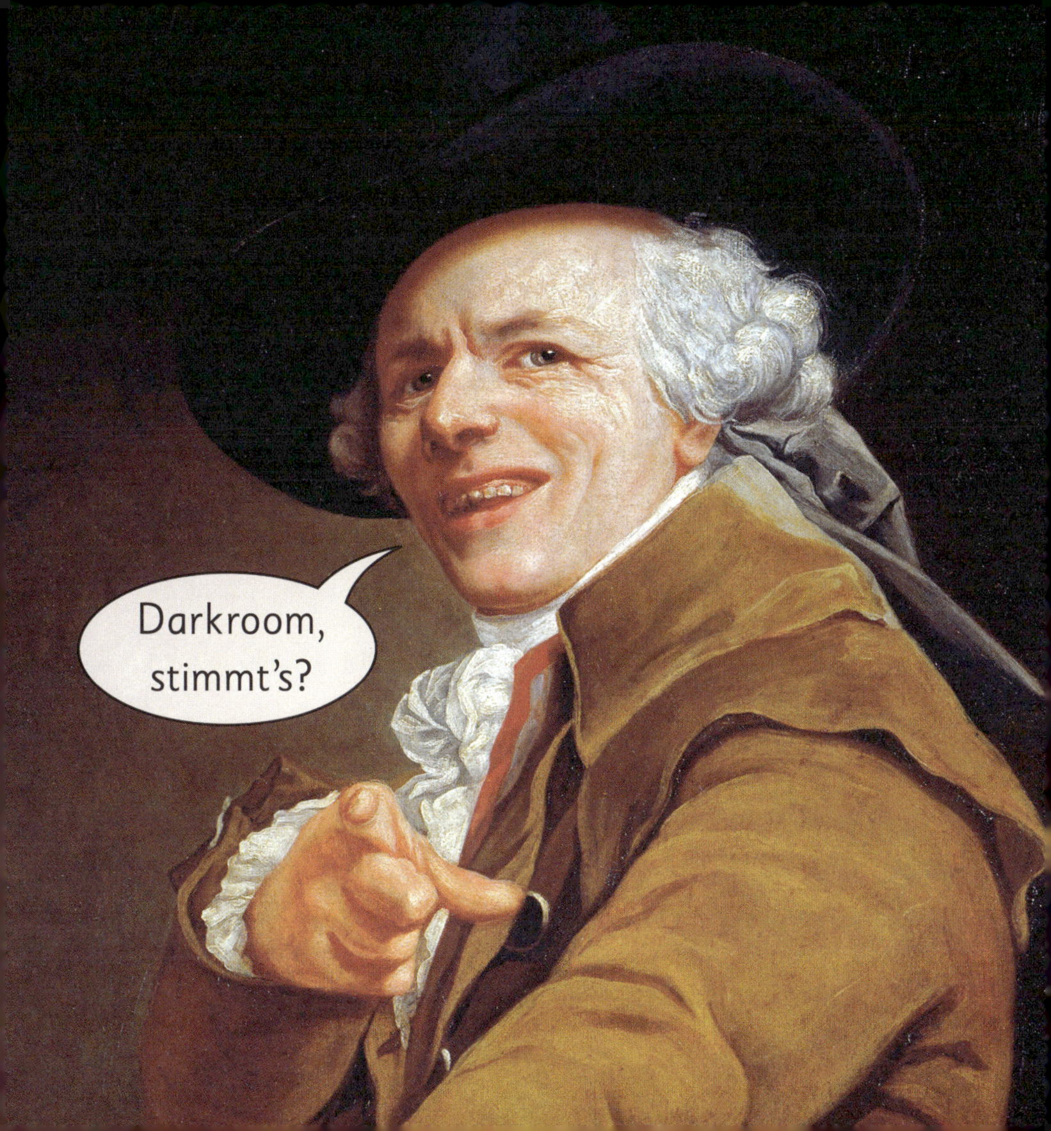
Darkroom,
stimmt's?

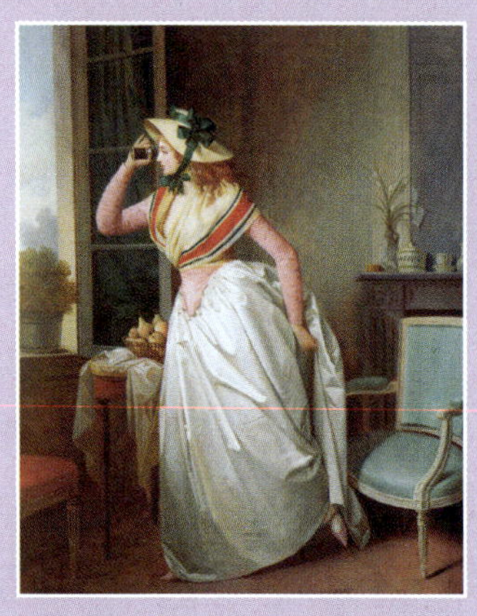

Henri-Nicolas van Gorp
FRAU MIT FERNGLAS
– XIX. Jahrhundert –
Musée des Beaux-Arts, Rouen

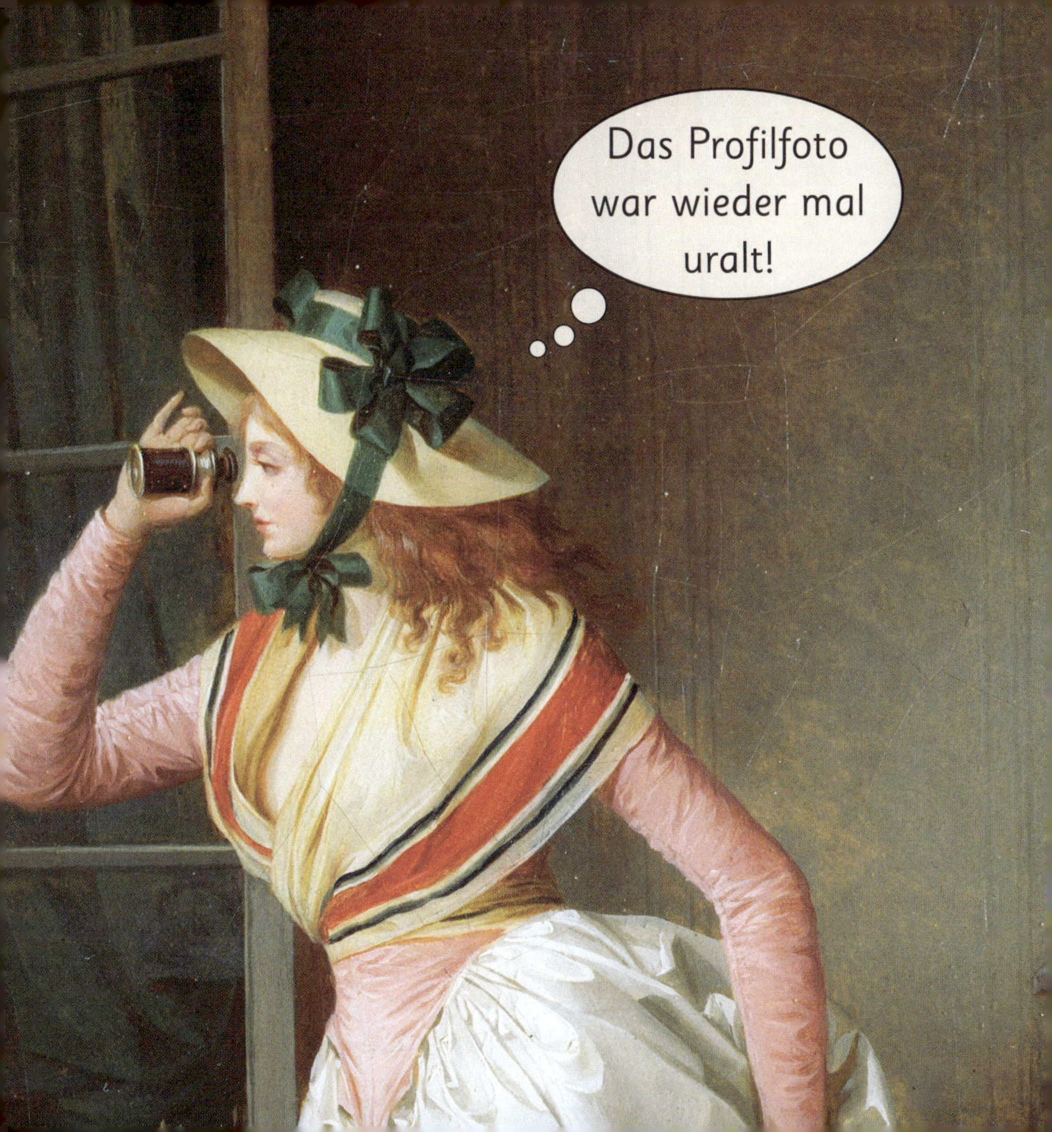
Das Profilfoto
war wieder mal
uralt!

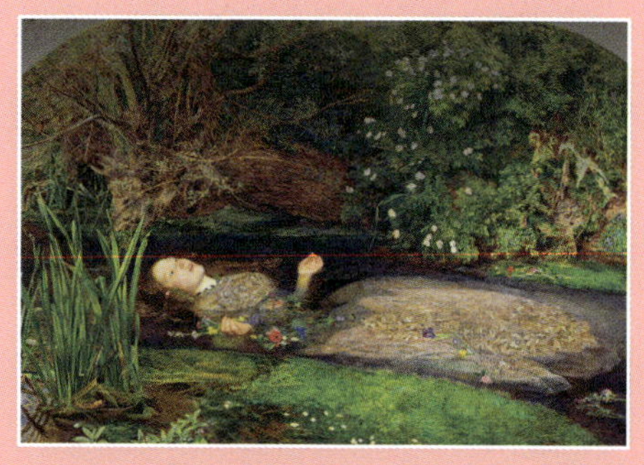

John Everett Millais
OPHELIA
– 1851/52 –
Tate Gallery, London

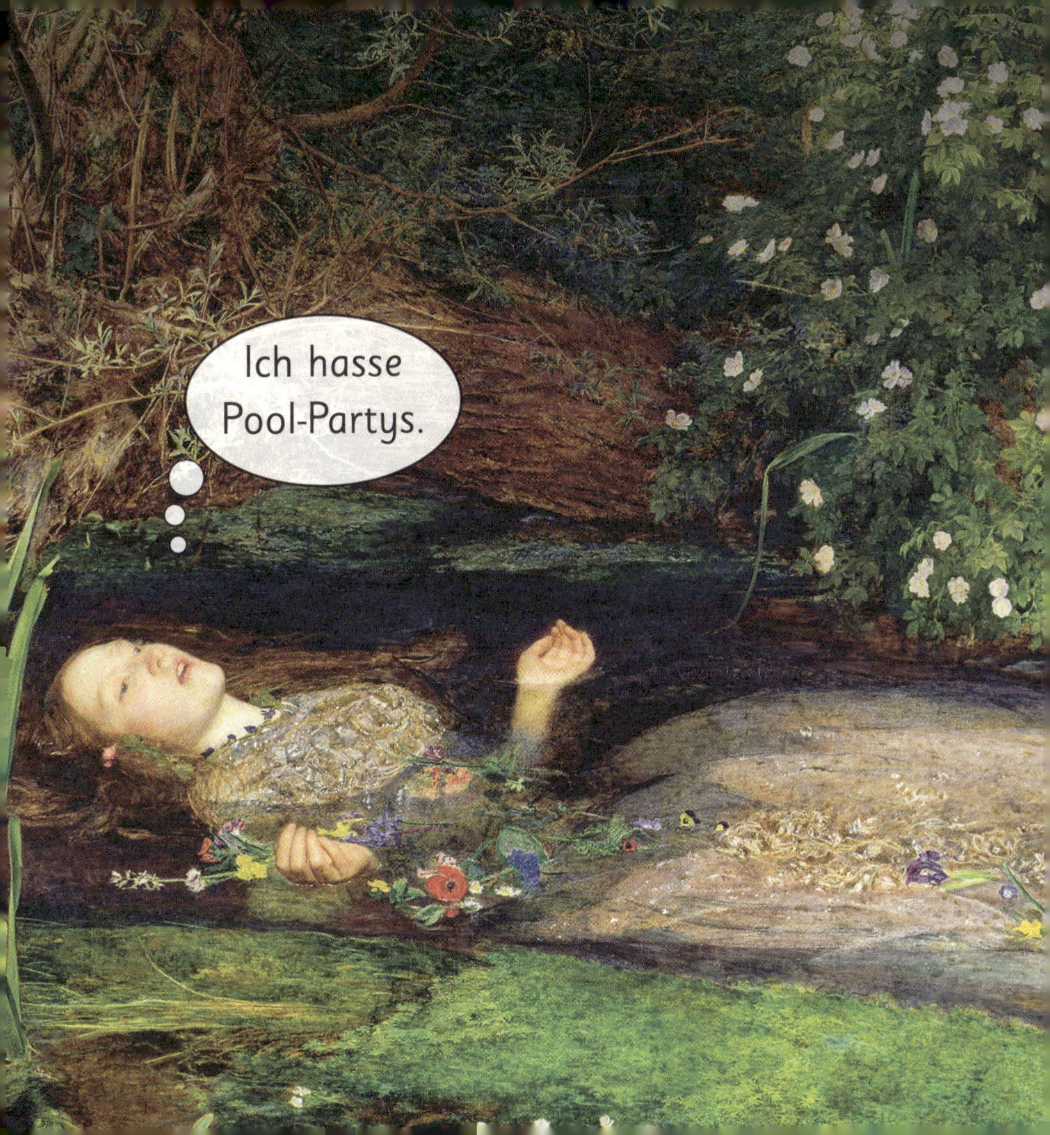
Ich hasse Pool-Partys.

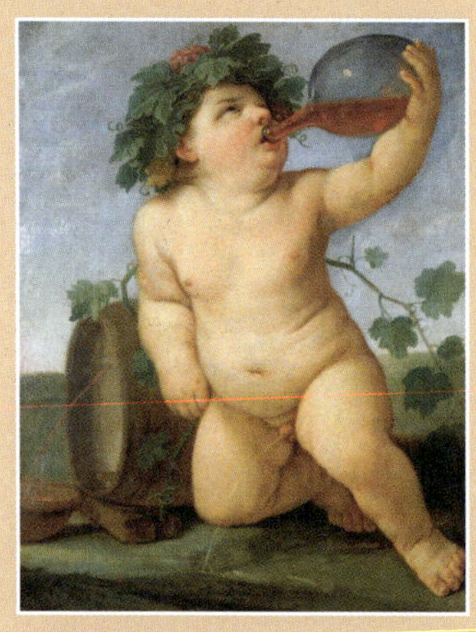

Guido Reni
KLEINER BACCHUS
– um 1637/38 –
Gemäldegalerie Alte Meister, Dresden

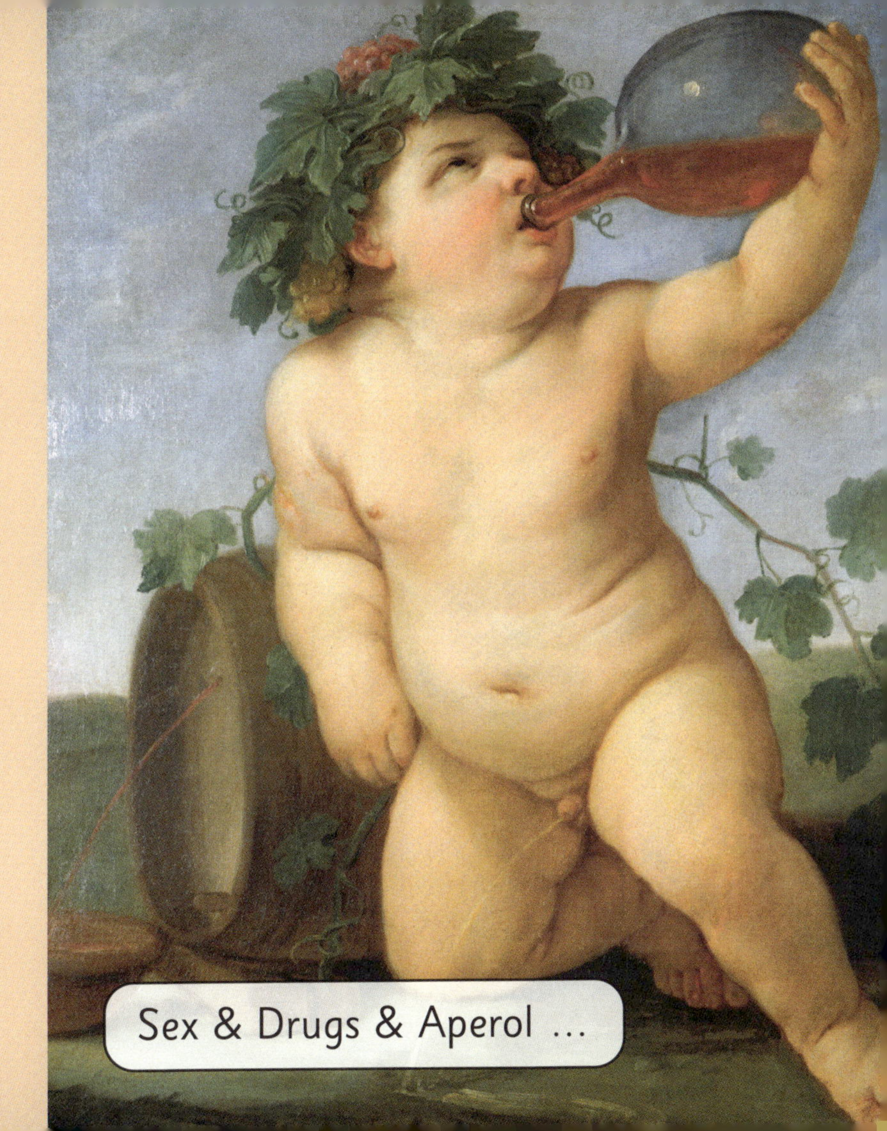
Sex & Drugs & Aperol …

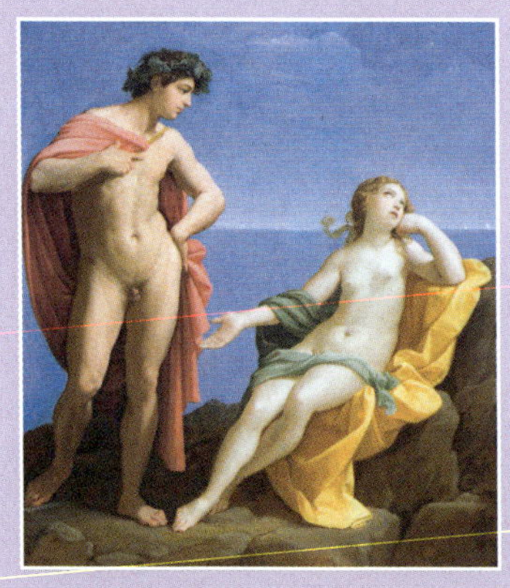

Guido Reni
BACCHUS UND ARIADNE
– um 1619/20 –
Los Angeles County Museum of Art

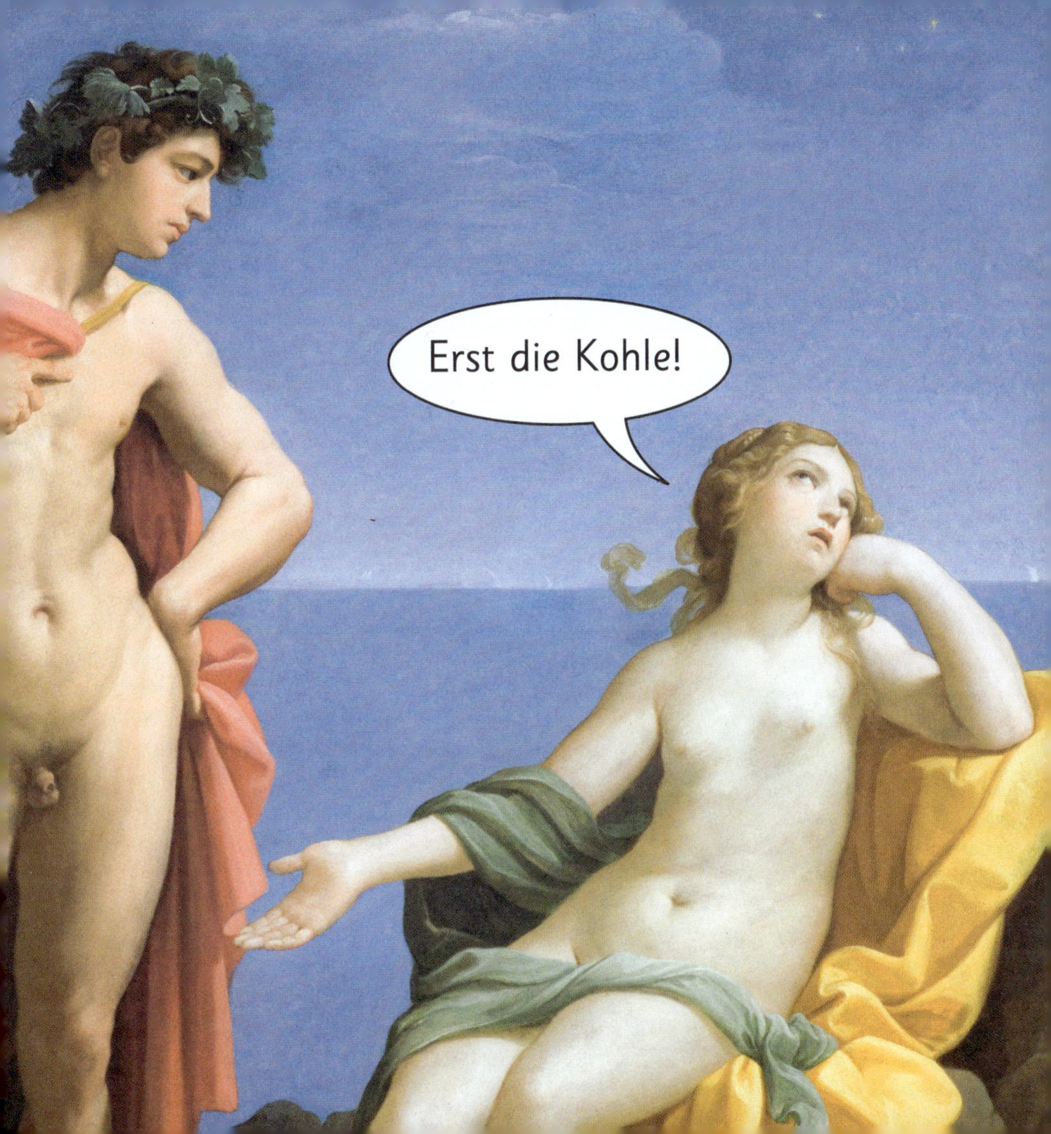
Erst die Kohle!

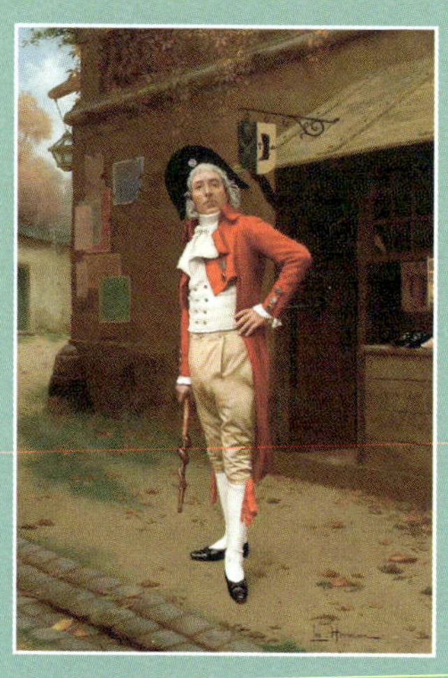

Léo Herrmann
DIE NEUEN SCHUHE
– 1890 –
Private Sammlung

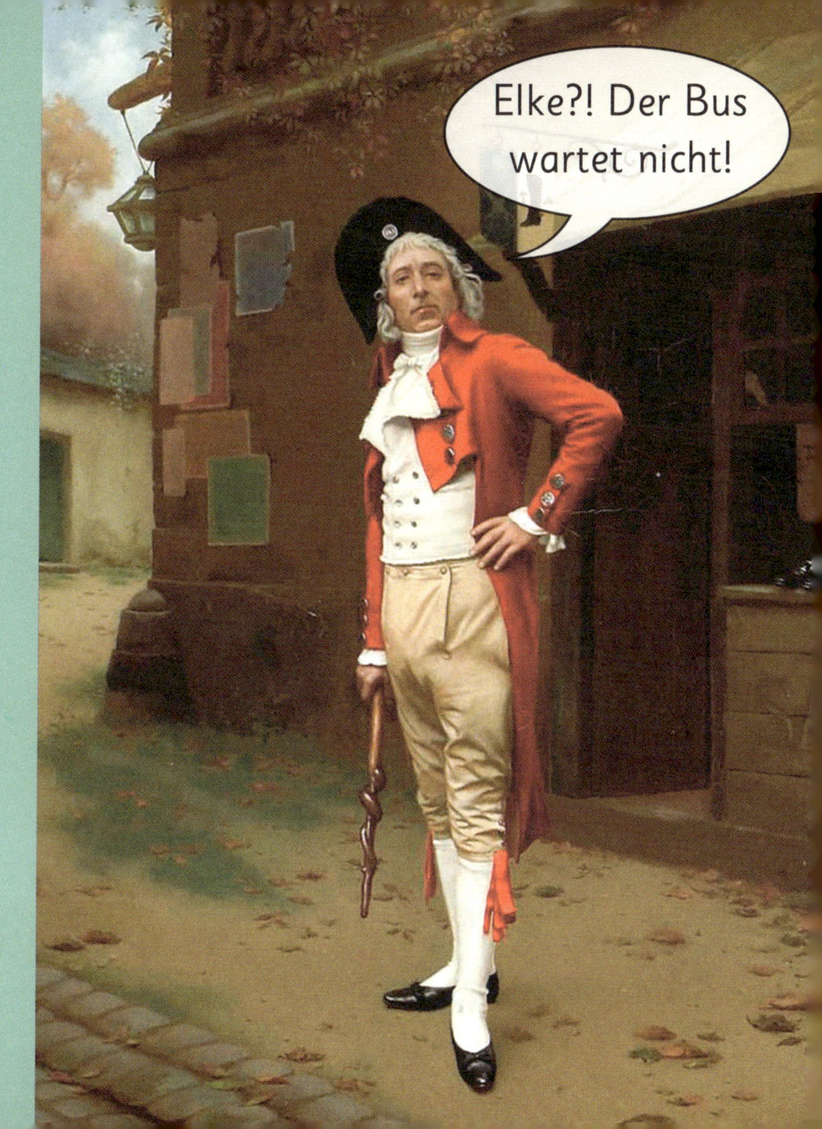
Elke?! Der Bus wartet nicht!

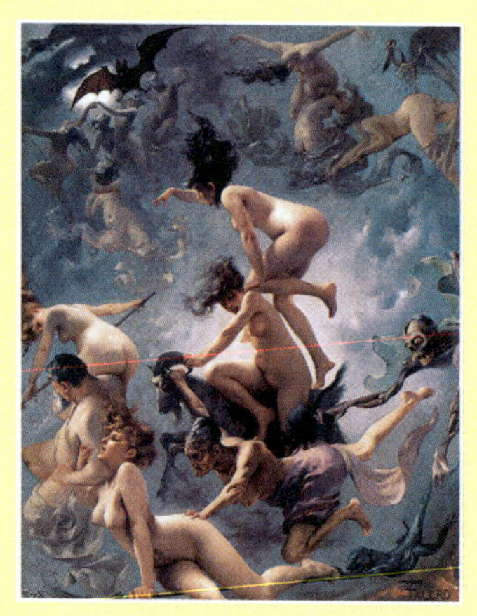

Luis Ricardo Falero
HEXENSABBATH
– 1878 –
Private Sammlung

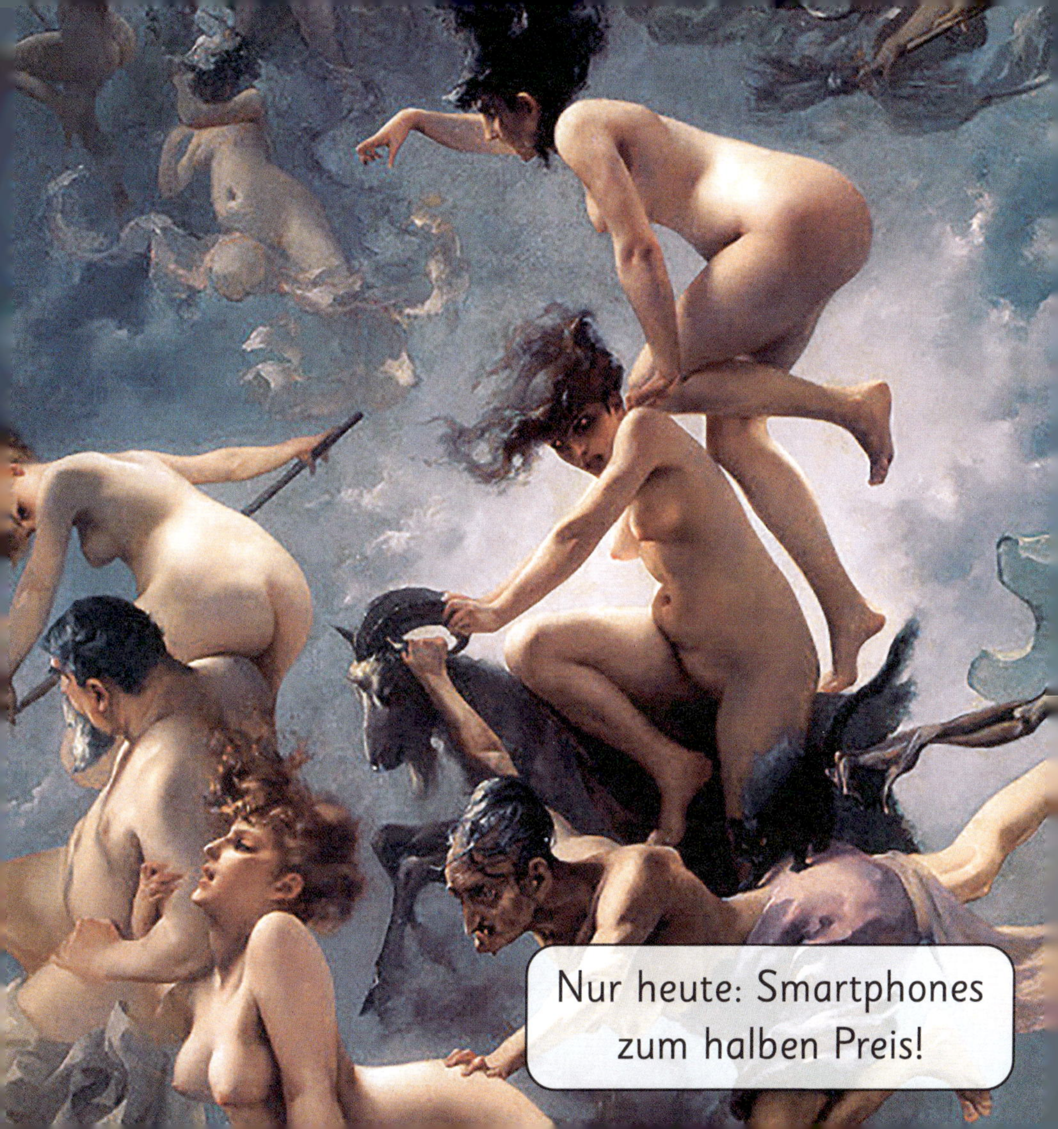
Nur heute: Smartphones
zum halben Preis!

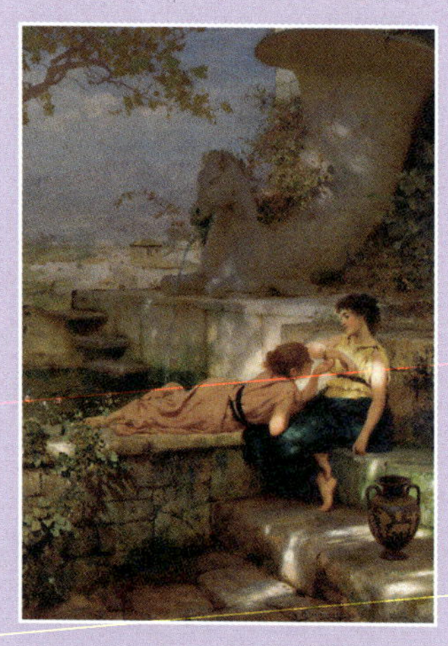

Henryk Siemiradzki
DAS NEUE ARMBAND
– 1863 –
Private Sammlung

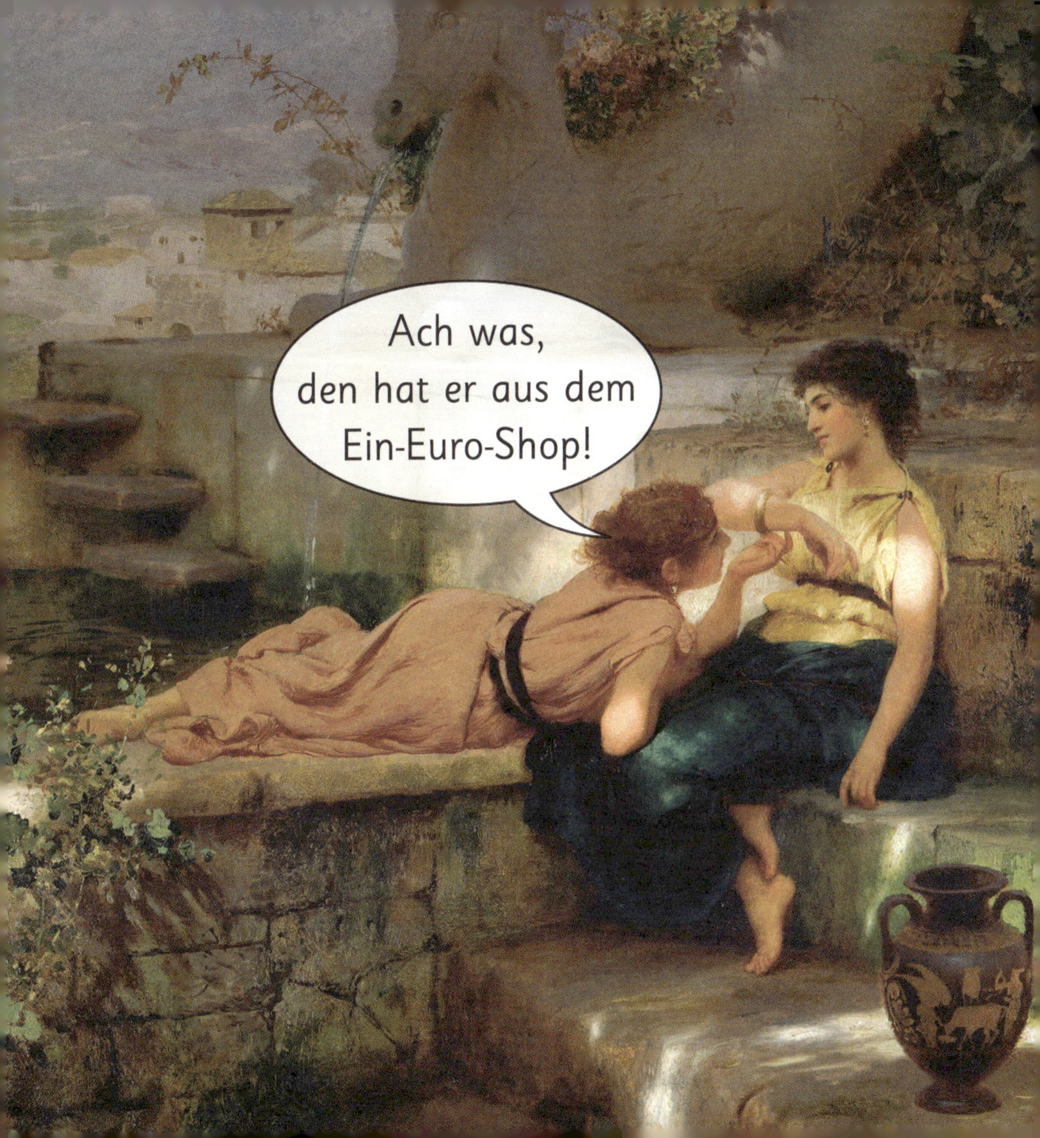
Ach was, den hat er aus dem Ein-Euro-Shop!

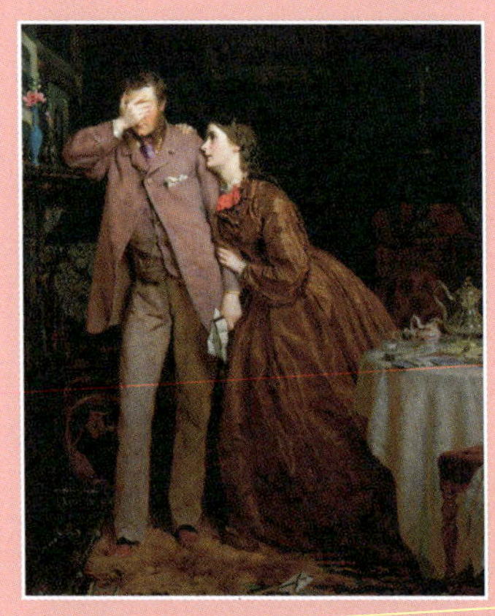

George Elgar Hicks
DIE AUFGABE DER FRAU
– 1863 –
Tate Gallery, London

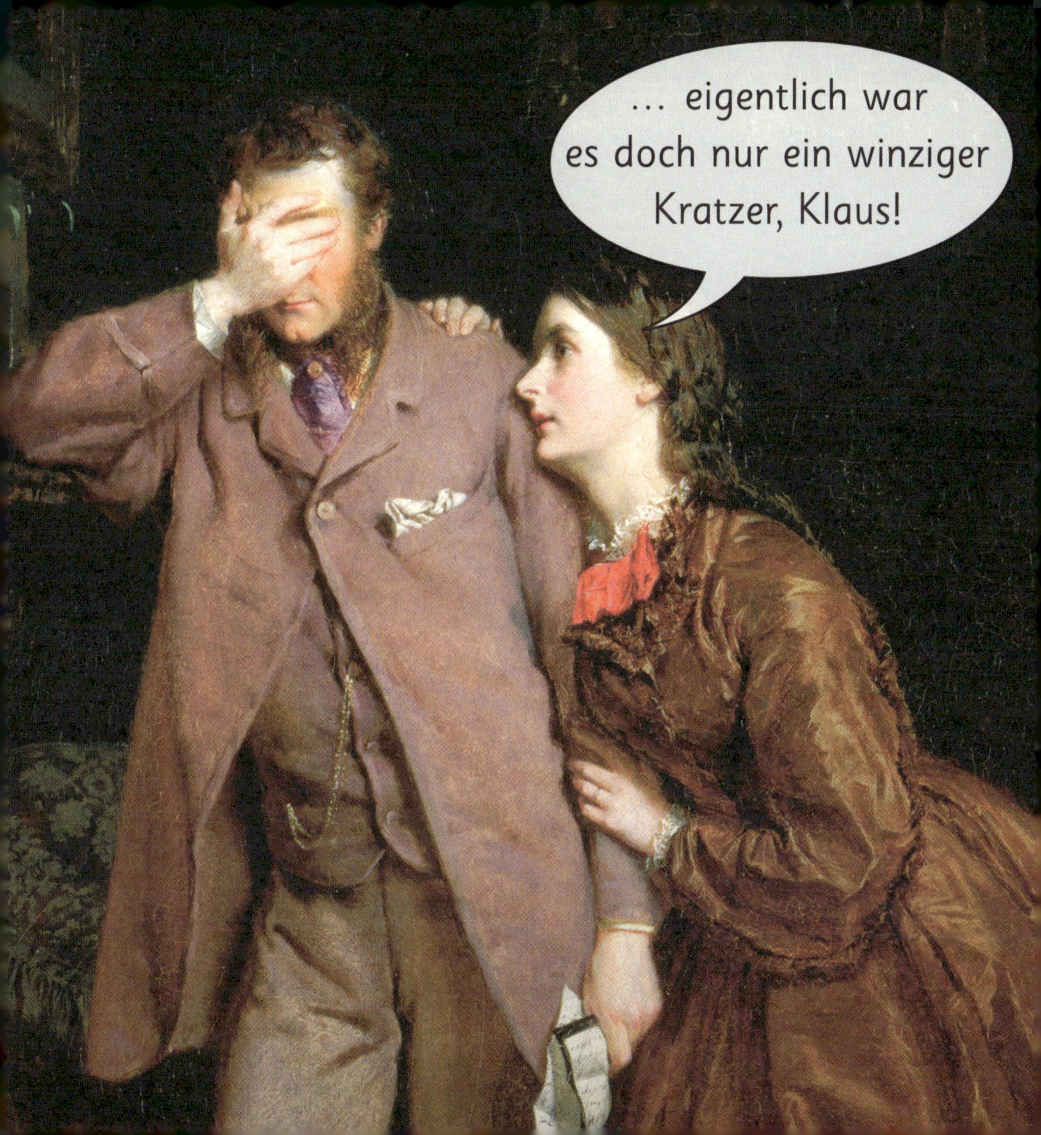
… eigentlich war
es doch nur ein winziger
Kratzer, Klaus!

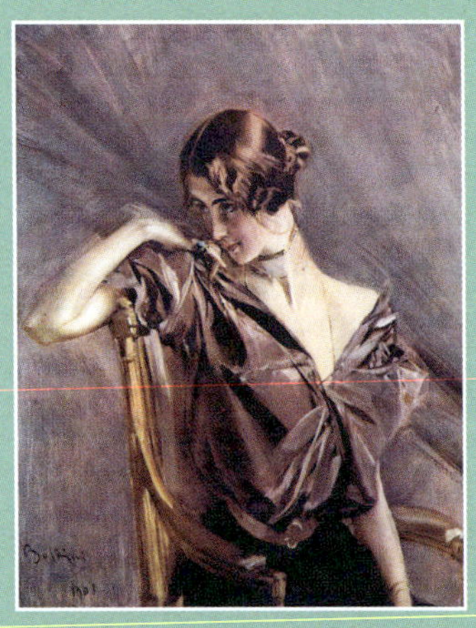

Giovanni Boldini
CLEO DE MERODE
– 1901 –
Mary Evans Picture Library, London

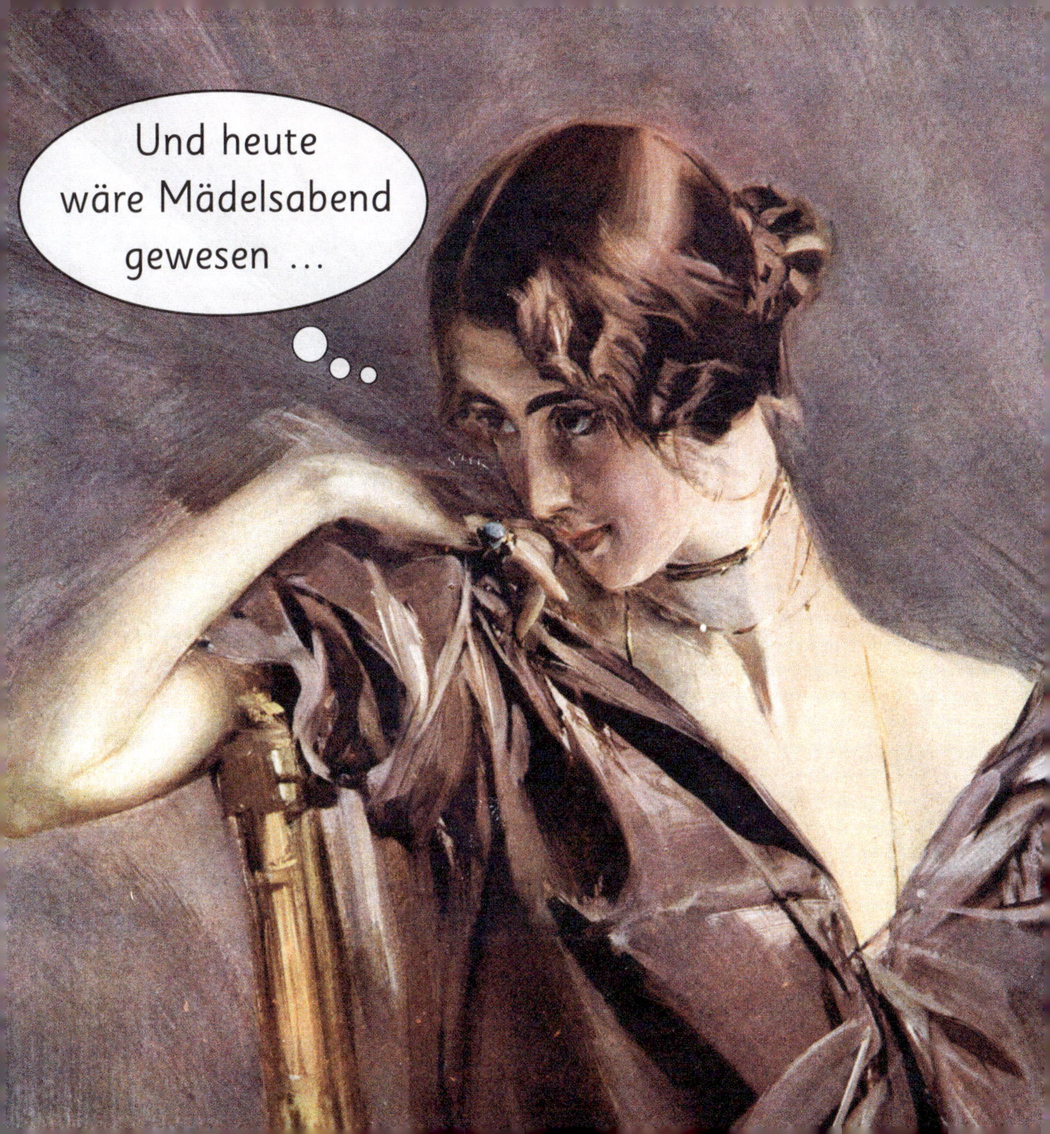
Und heute wäre Mädelsabend gewesen ...

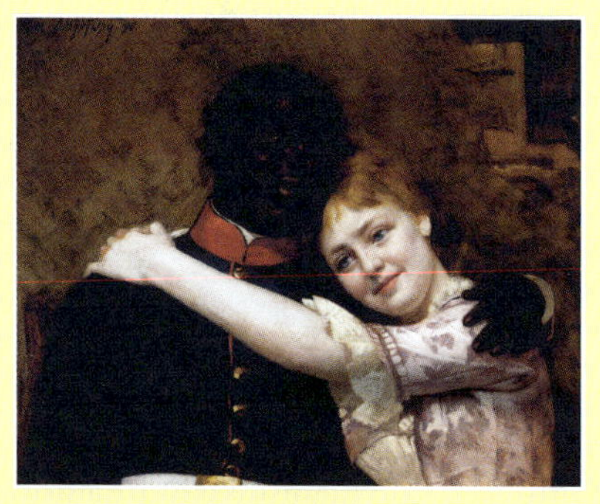

Emil Doerstling,
PREUSSISCHES LIEBESGLÜCK
– 1890 –
Deutsches Historisches Museum, Berlin

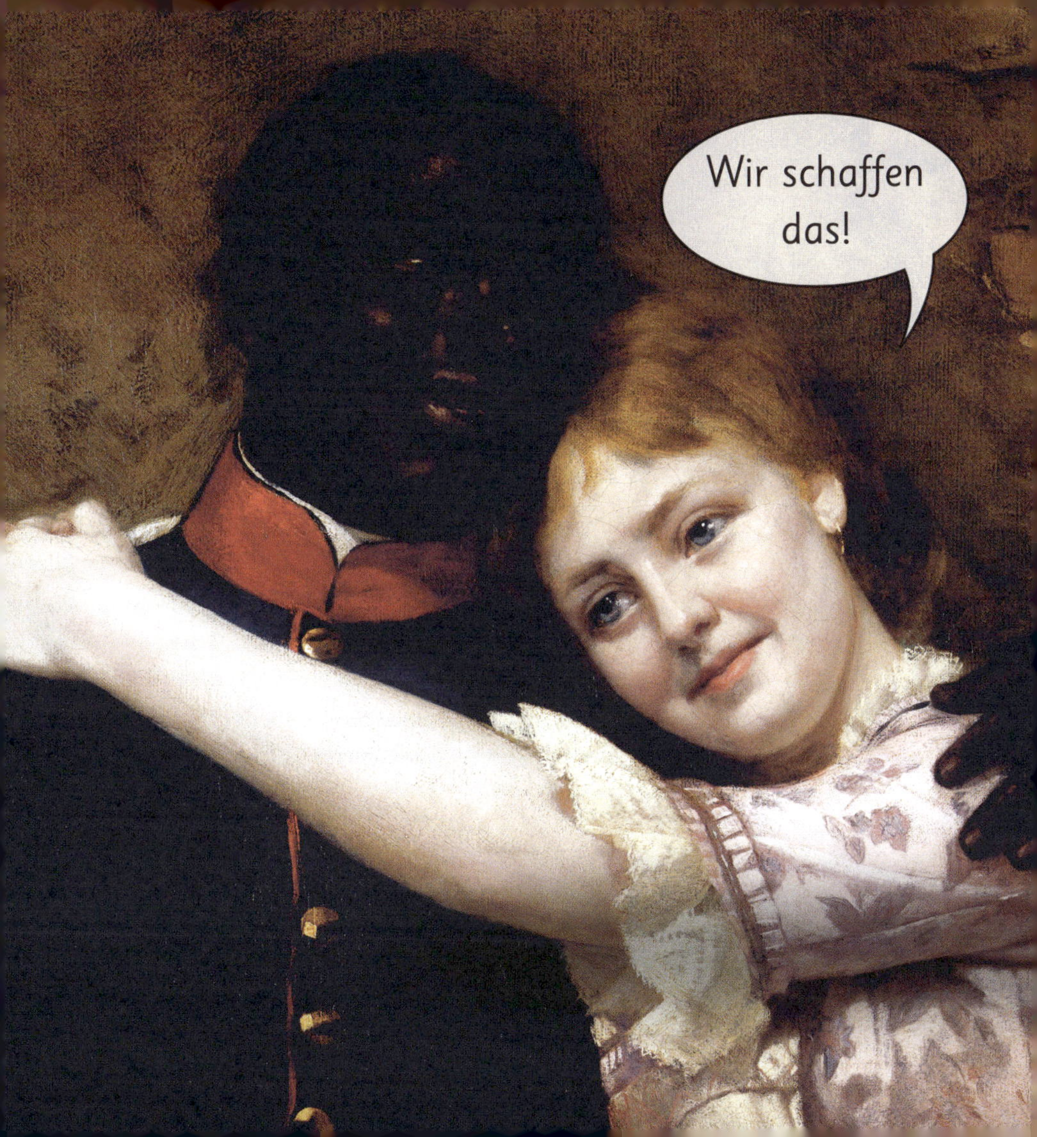
Wir schaffen das!

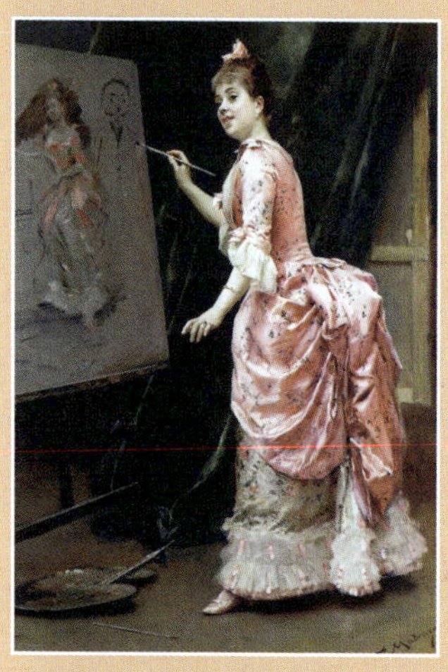

Raimundo de Madrazo y Garreta
IM ATELIER
– um 1885 –
Museo Carmen Thyssen, Malaga

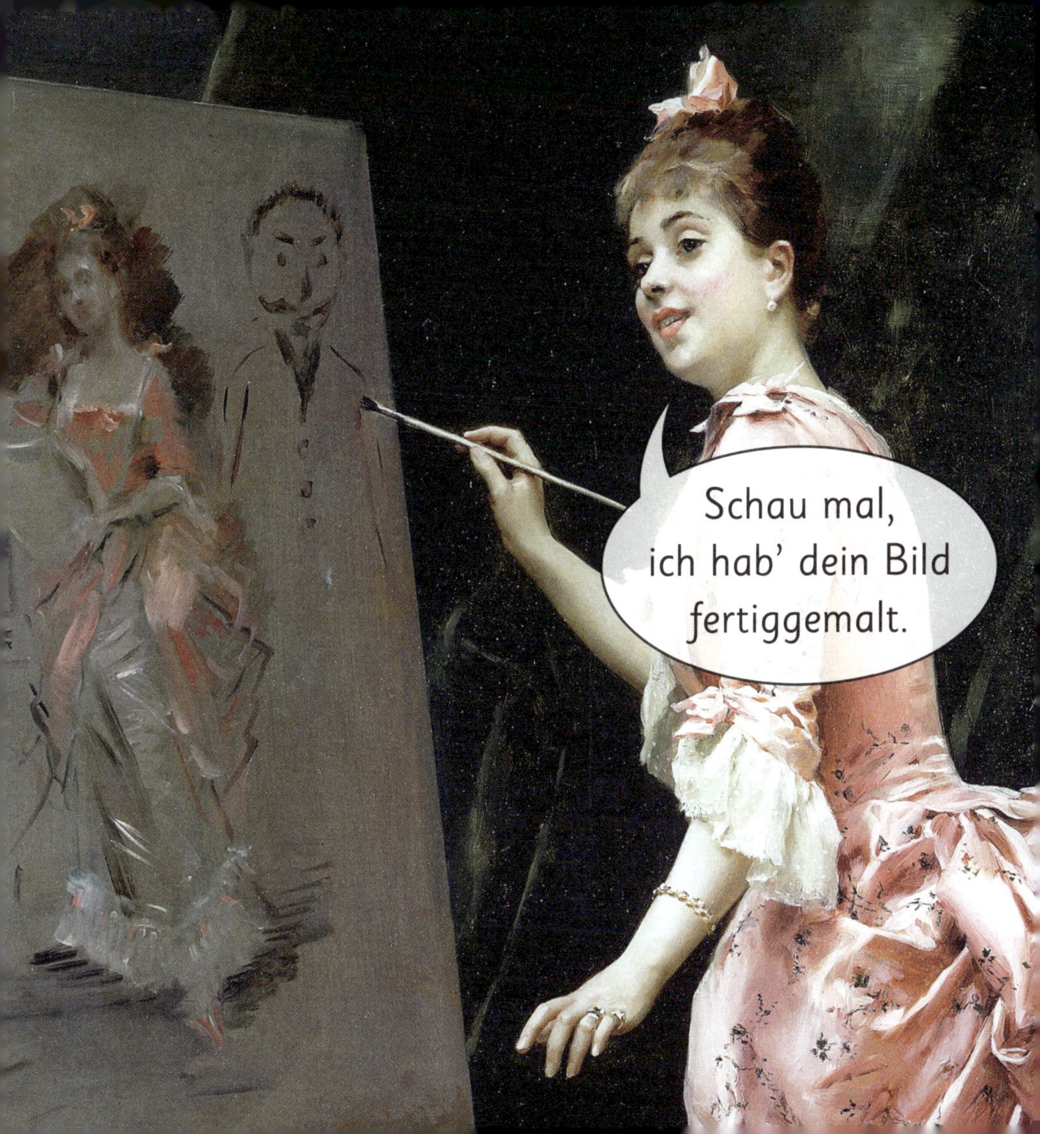
Schau mal,
ich hab' dein Bild
fertiggemalt.

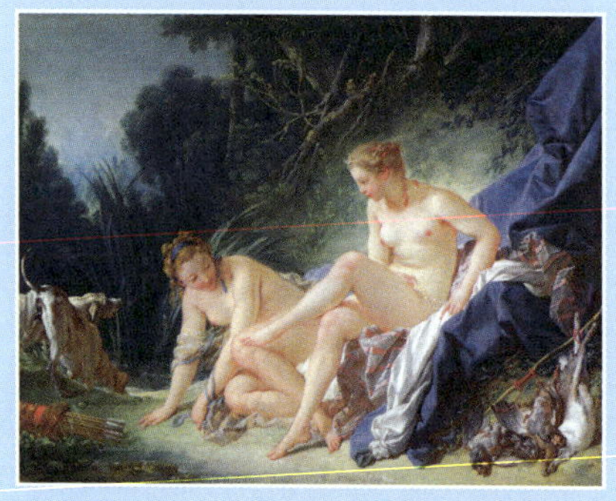

François Boucher
DIANA IM BADE
– 1742 –
Musée du Louvre, Paris

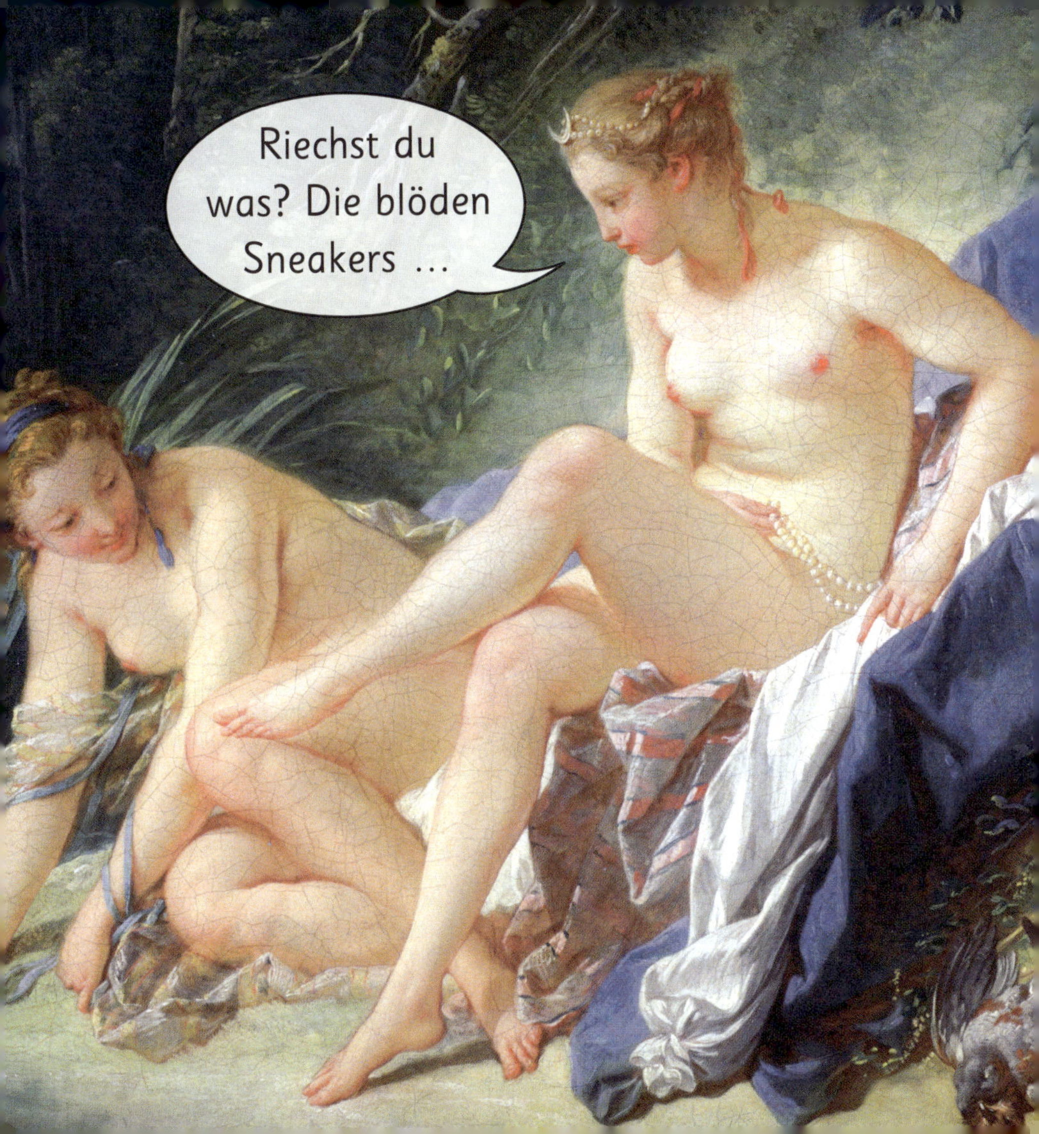
Riechst du was? Die blöden Sneakers …

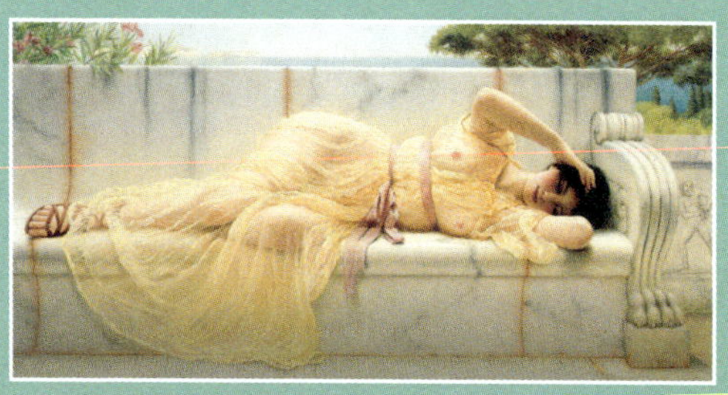

John William Godward
MÄDCHEN MIT GELBEM GEWAND
– 1901 –
Private Sammlung

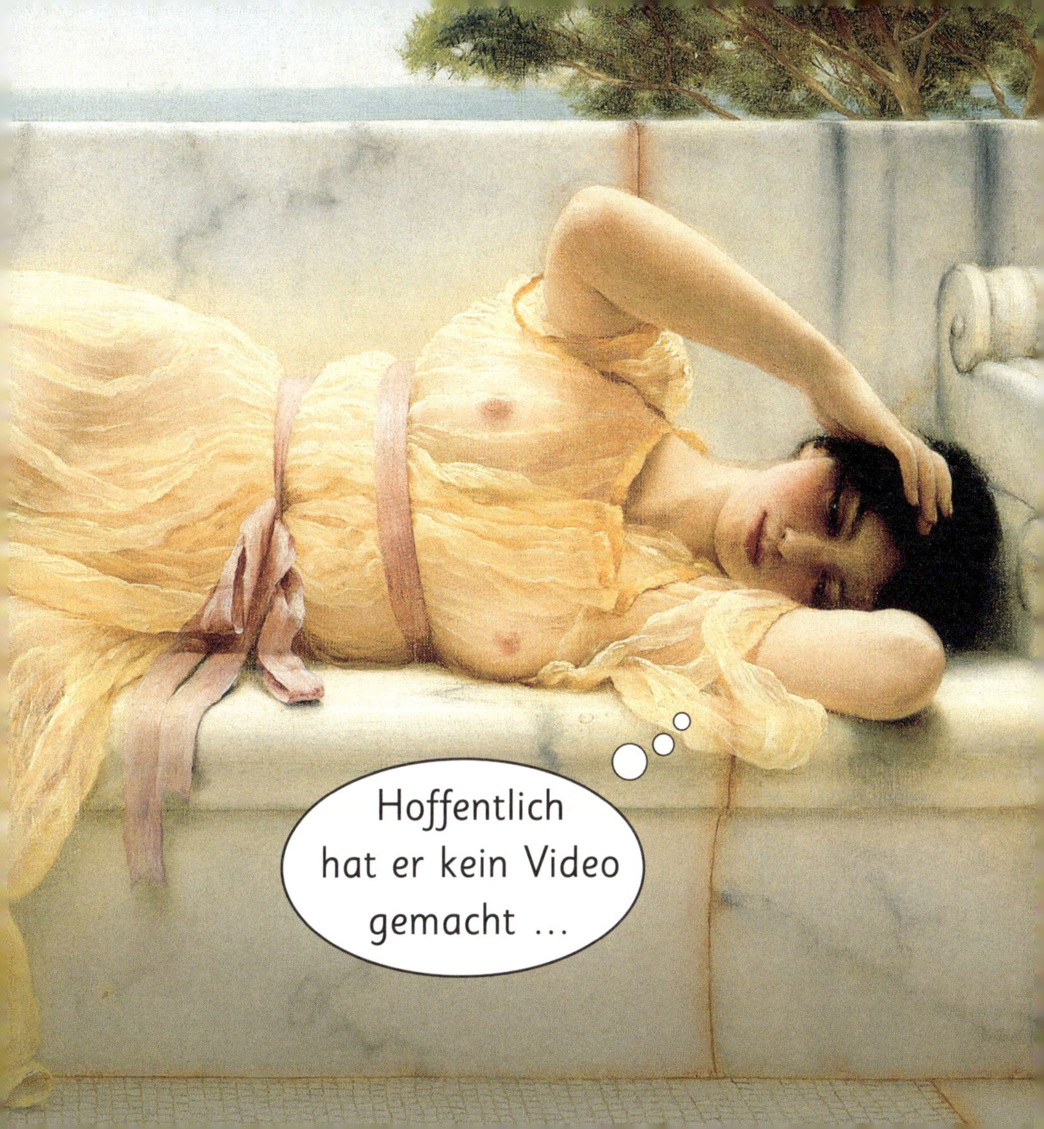
Hoffentlich hat er kein Video gemacht …

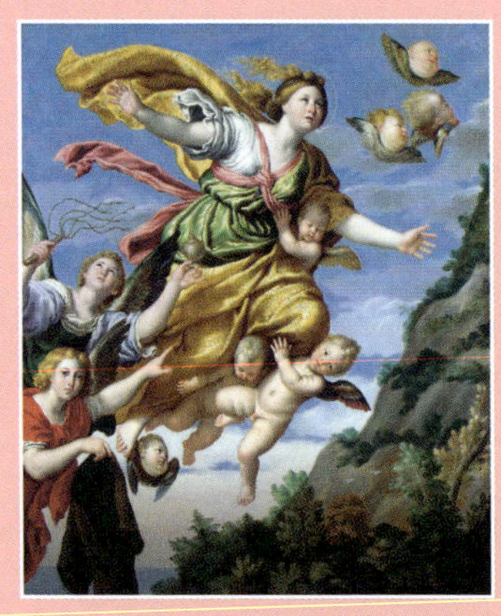

Domenichino
MARIA MADDALENA
FÄHRT ZUM HIMMEL AUF
– 1620 –
Eremitage, Sankt Petersburg

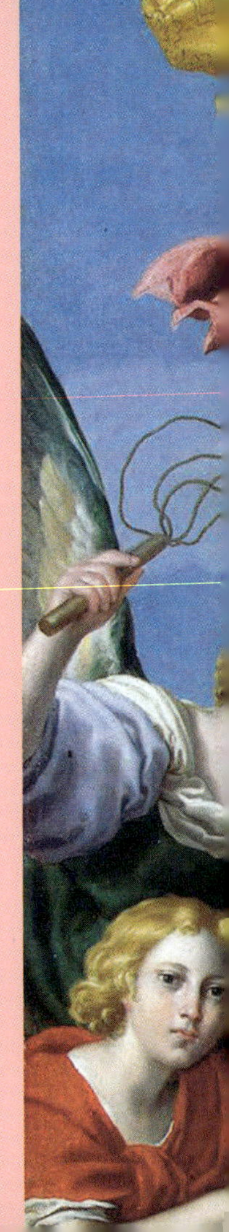

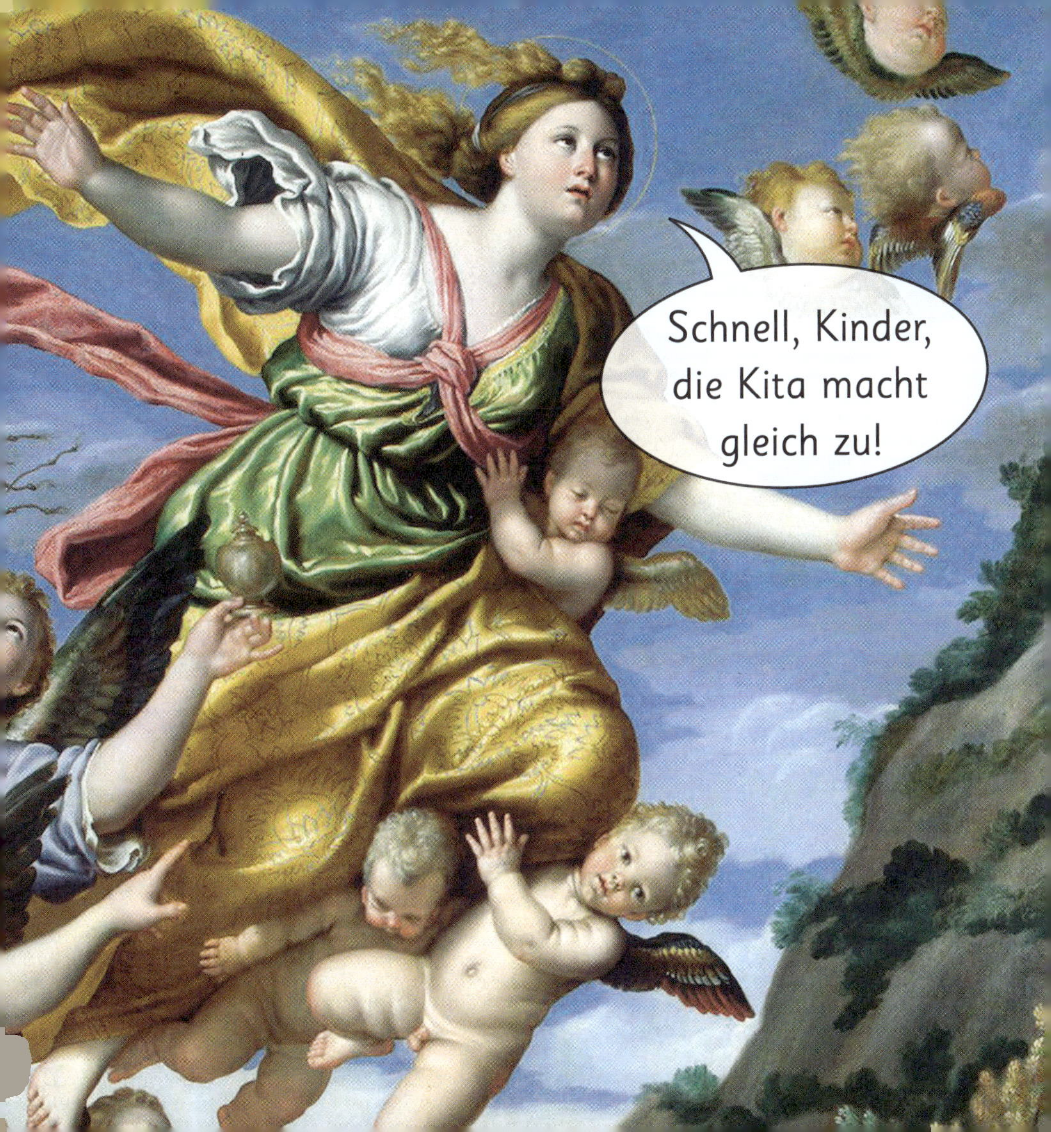
Schnell, Kinder, die Kita macht gleich zu!

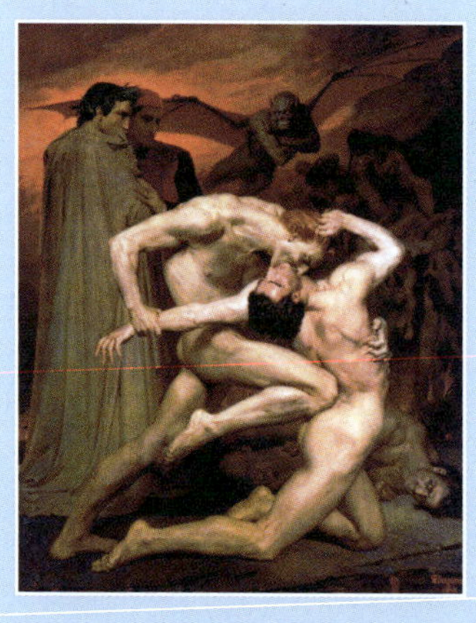

William-Adolphe Bouguereau
DANTE UND VIRGIL
IN DER HÖLLE
– 1850 –
Musée d'Orsay, Paris

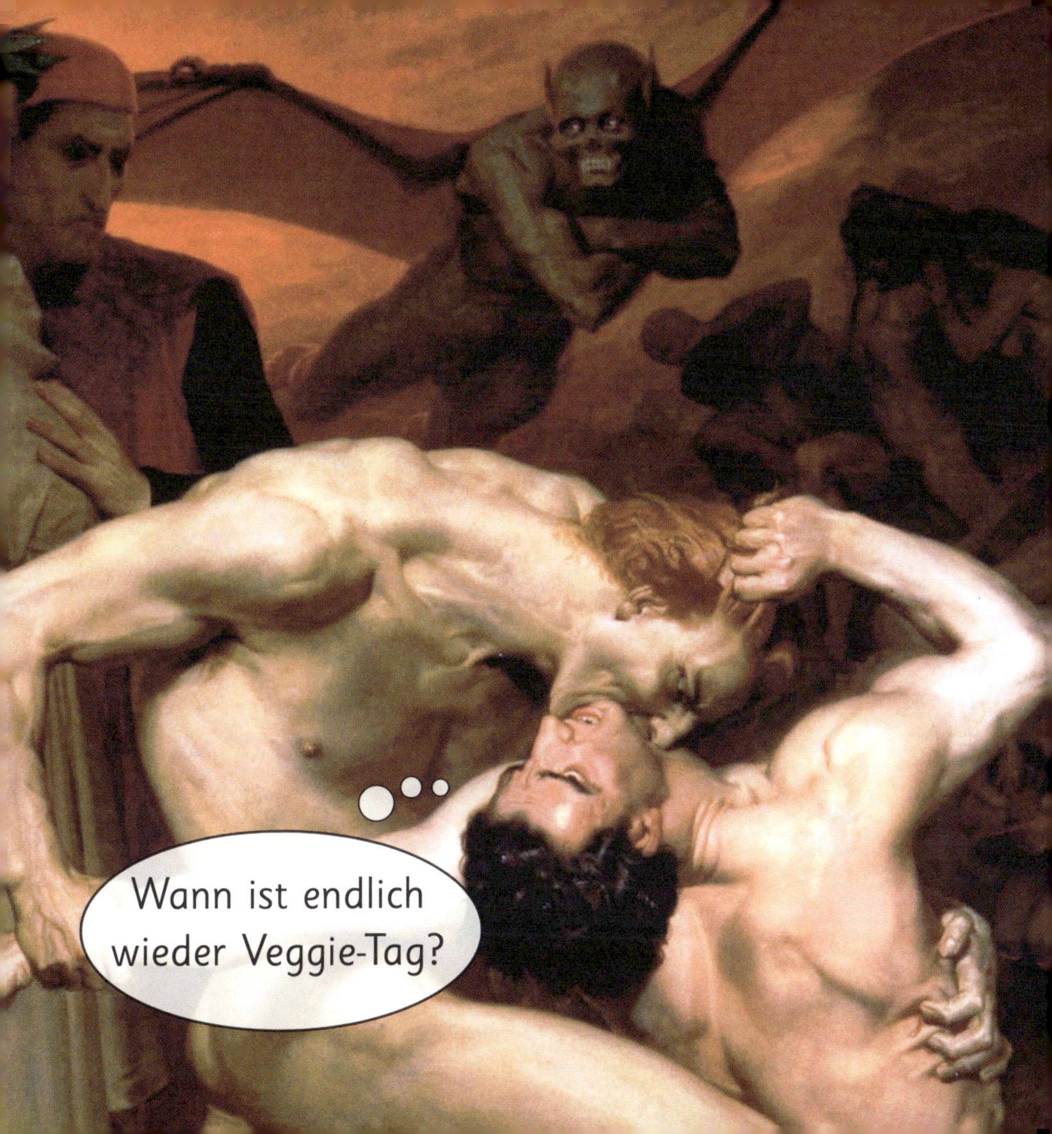
Wann ist endlich wieder Veggie-Tag?

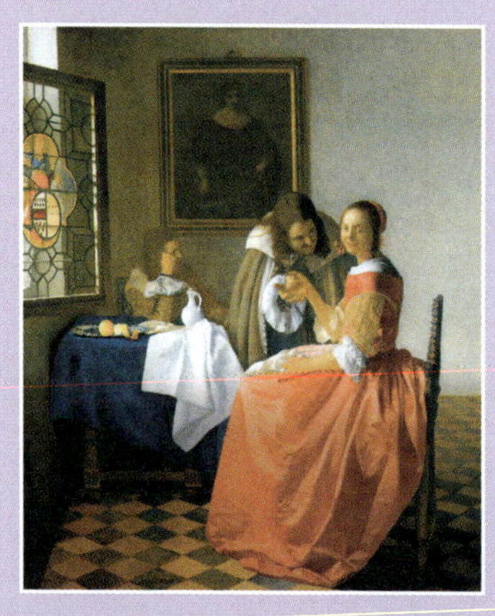

Jan Vermeer
DAS MÄDCHEN
MIT DEM WEINGLAS
– 1659/60 –
Herzog-Anton-Ulrich-Museum, Braunschweig

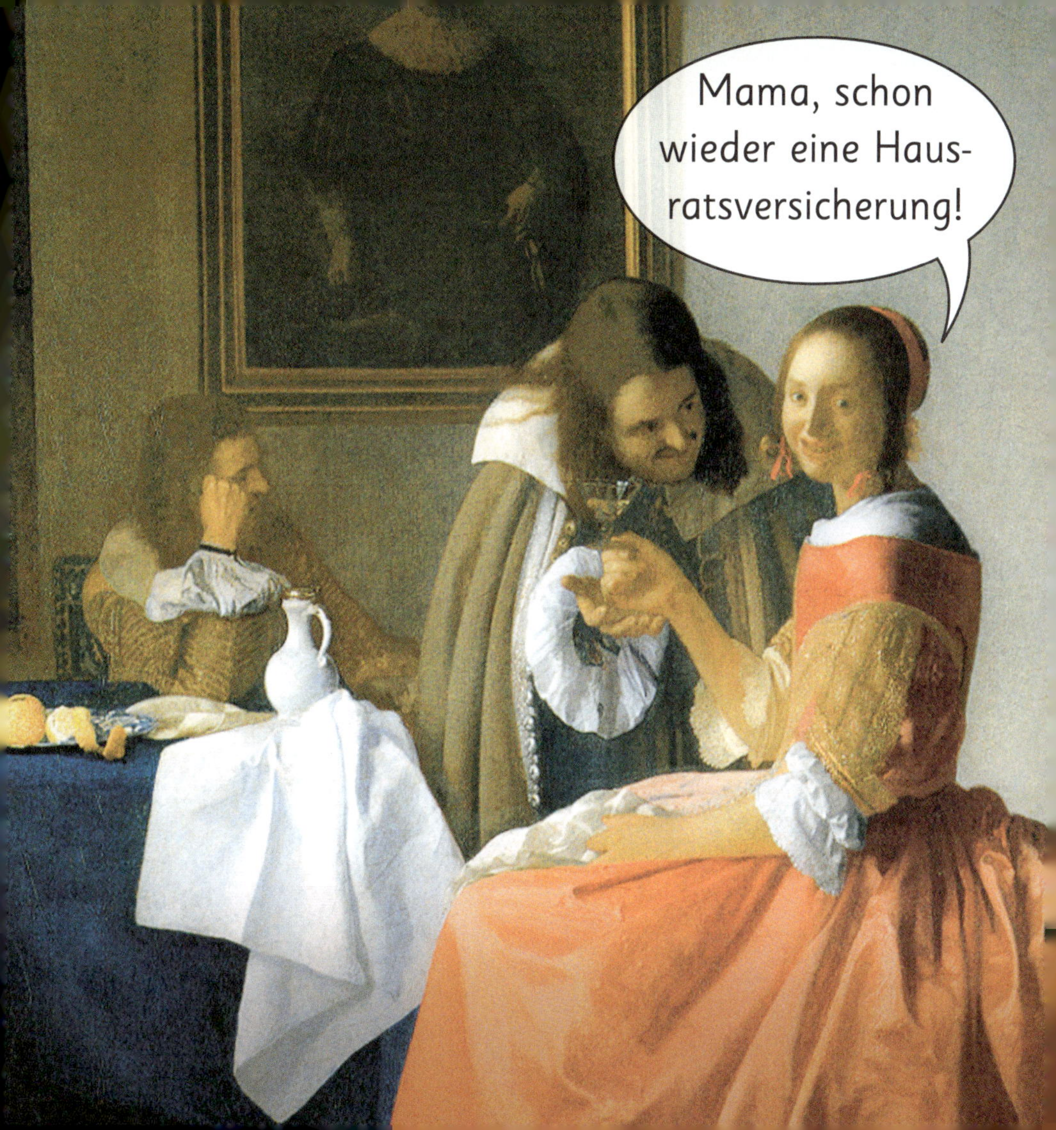
Mama, schon wieder eine Haus-ratsversicherung!

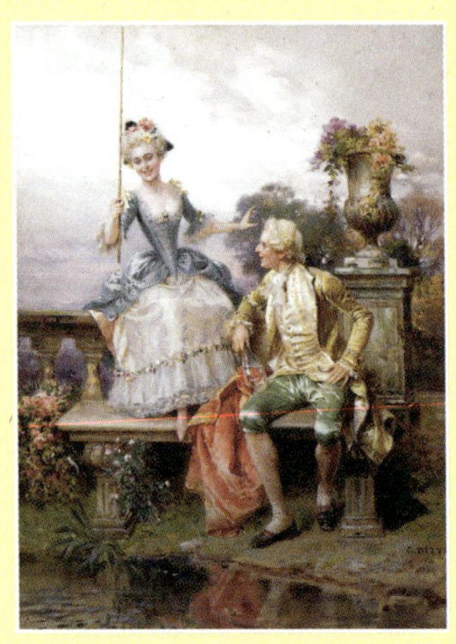

Cesare Augusto Detti
ANGEBISSEN!
– XIX. Jahrhundert –
Private Sammlung

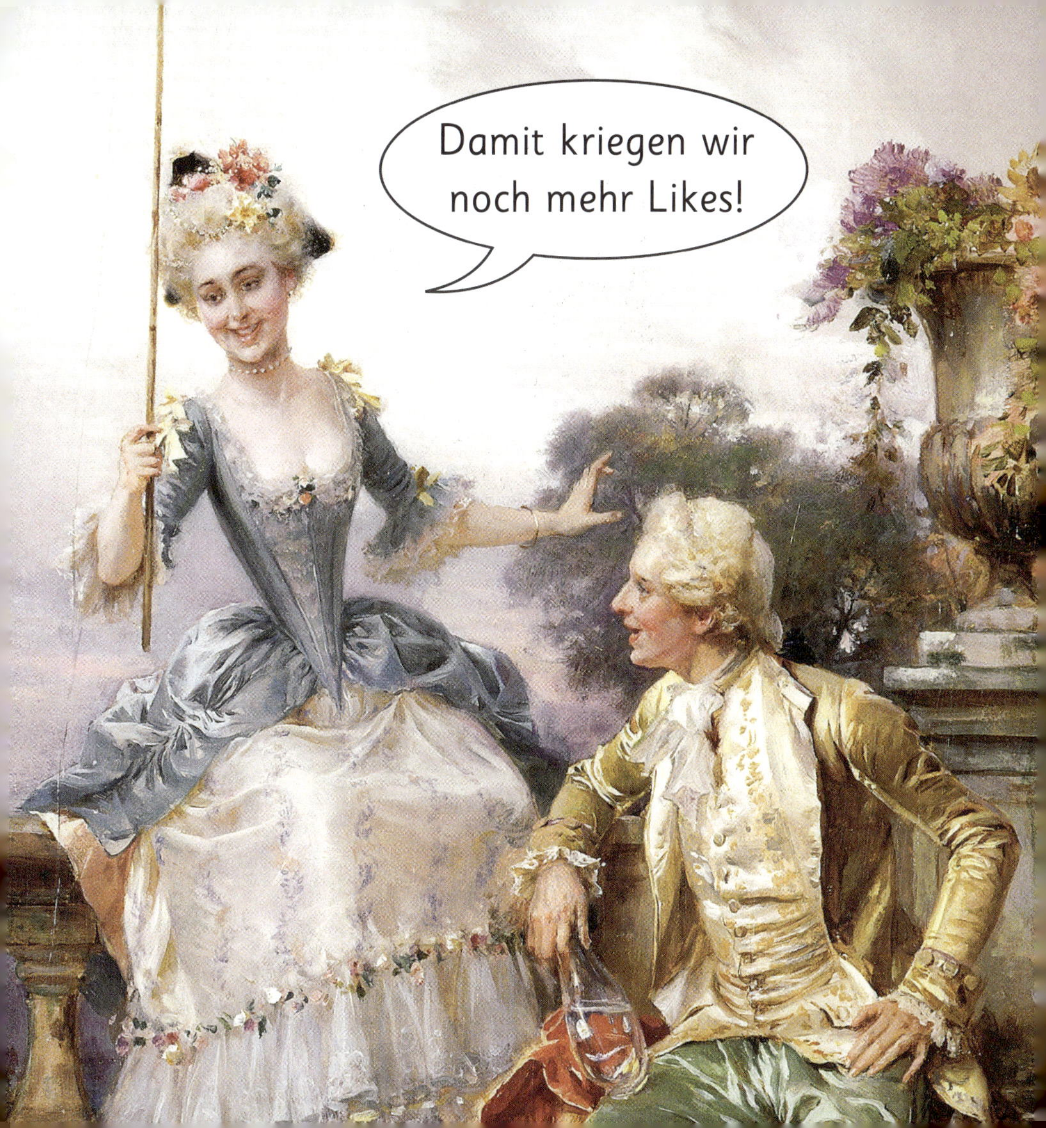
Damit kriegen wir noch mehr Likes!

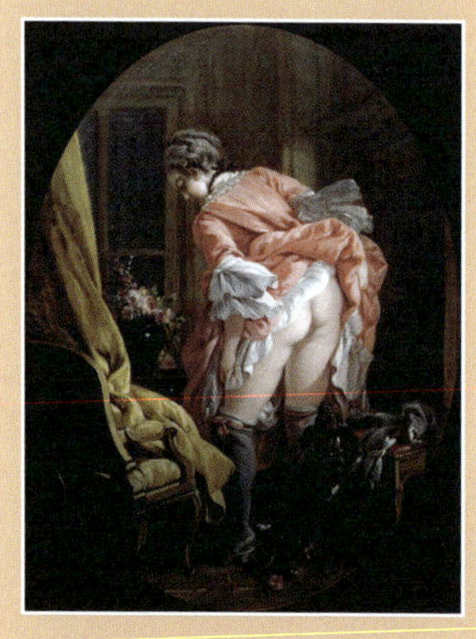

François Boucher
DER GESCHÜRZTE ROCK
– 1742 –
Private Sammlung

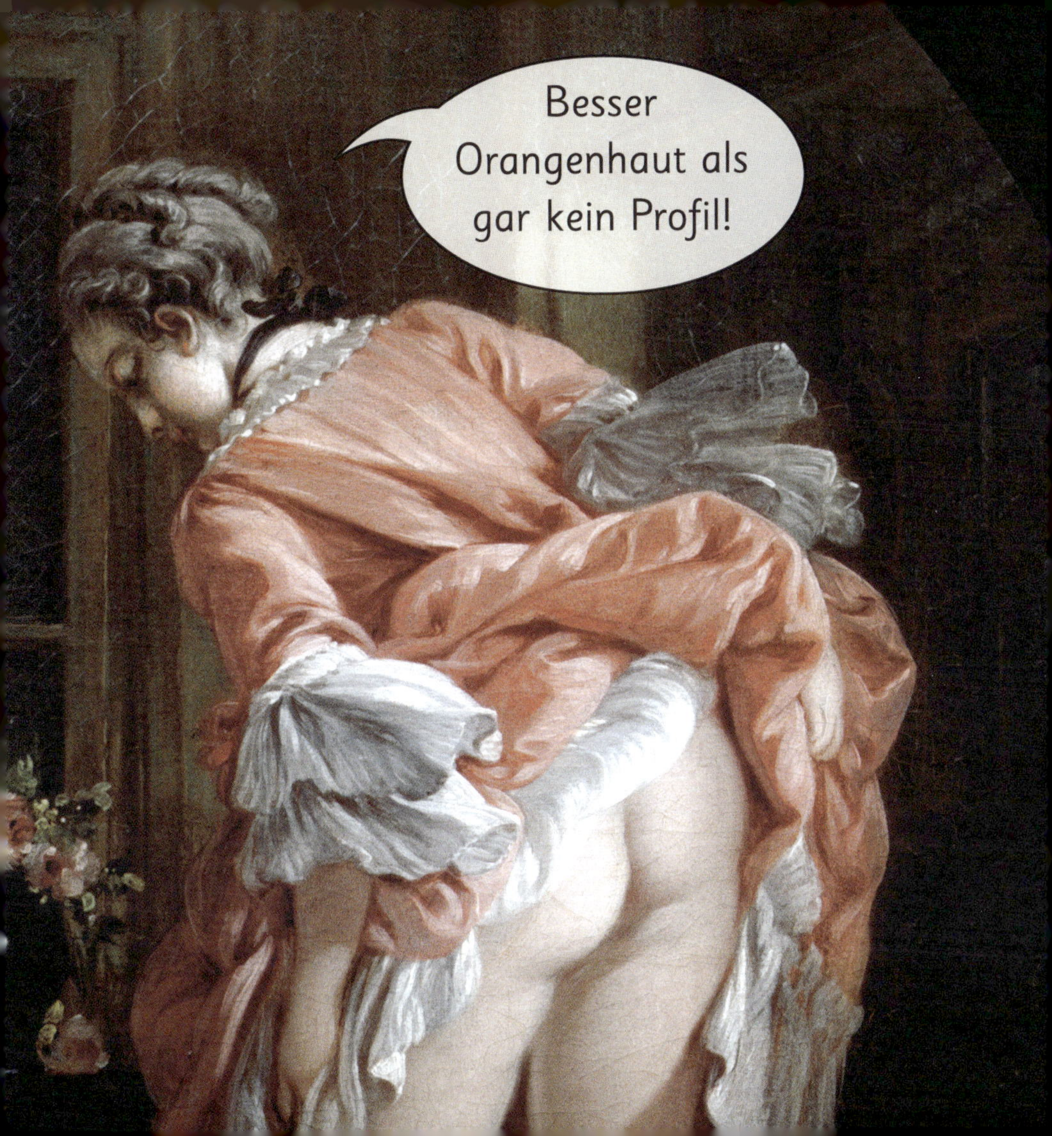
Besser Orangenhaut als gar kein Profil!

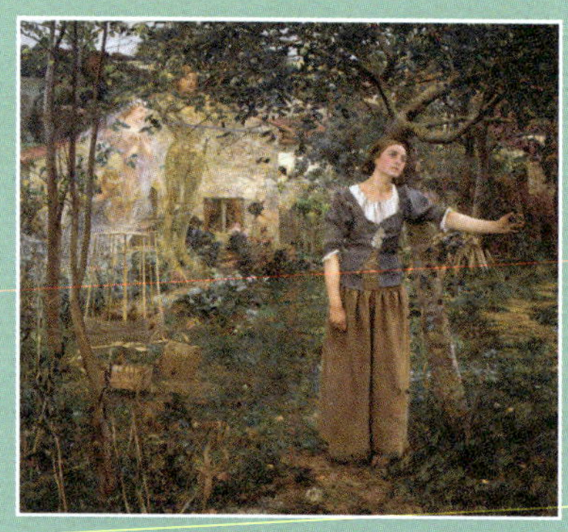

Jules Bastien-Lepage
JEANNE D'ARC
– 1879 –
The Metropolitan Museum of Art, New York

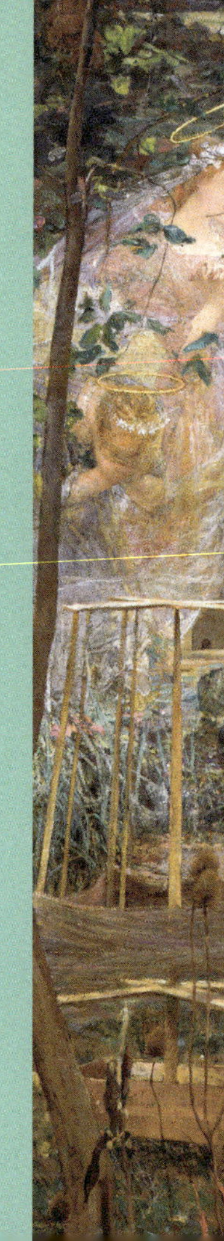

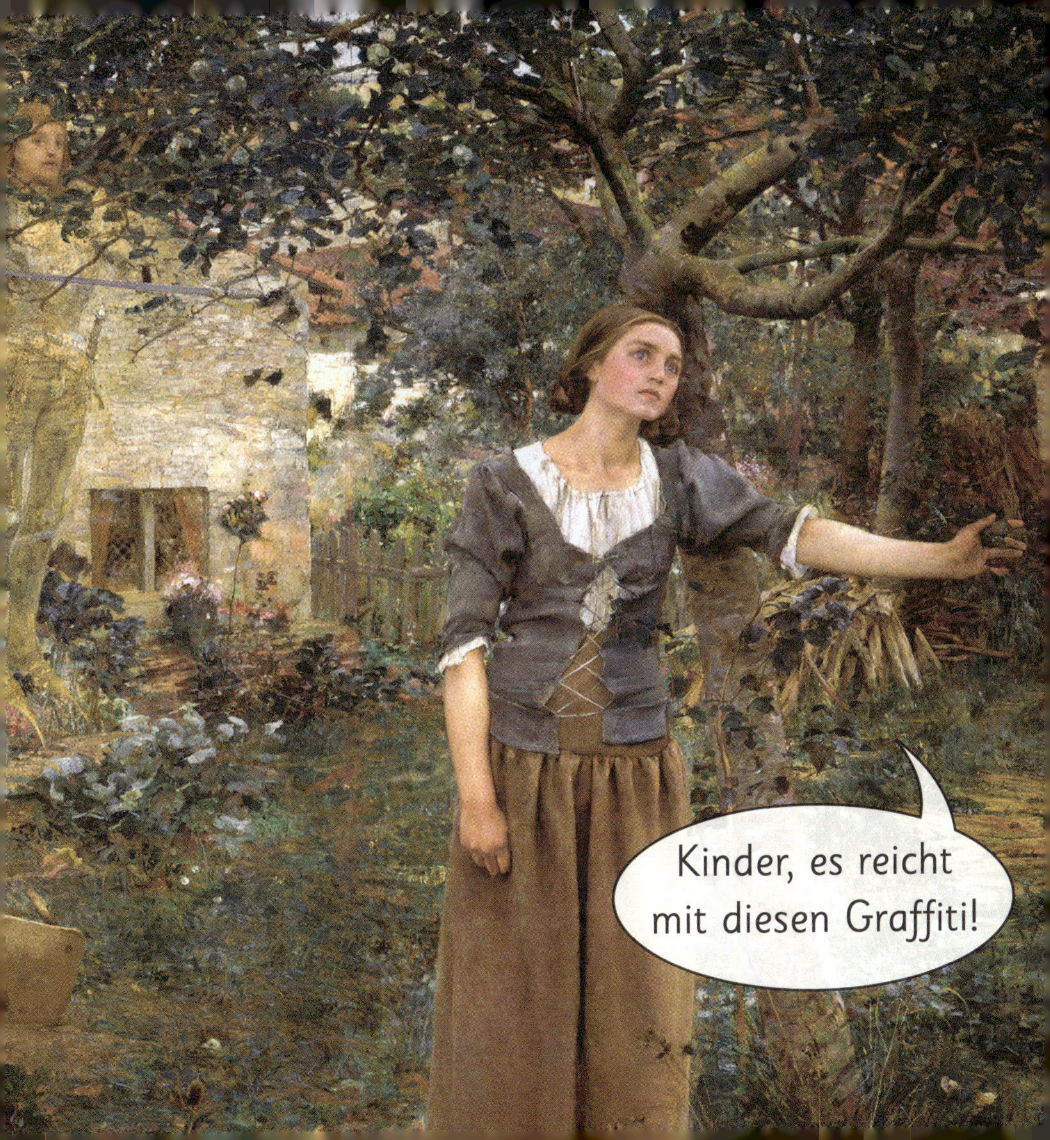
Kinder, es reicht
mit diesen Graffiti!

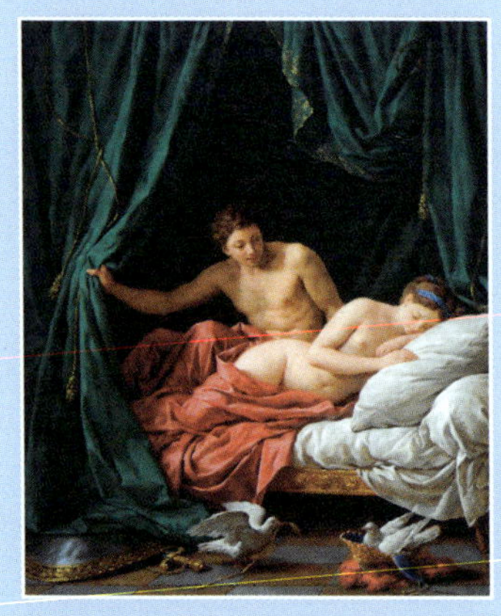

Louis-Jean-François Lagrene
MARS UND VENUS,
ALLEGORIE DES FRIEDENS
– 1770 –
J. Paul Getty Museum, Los Angeles

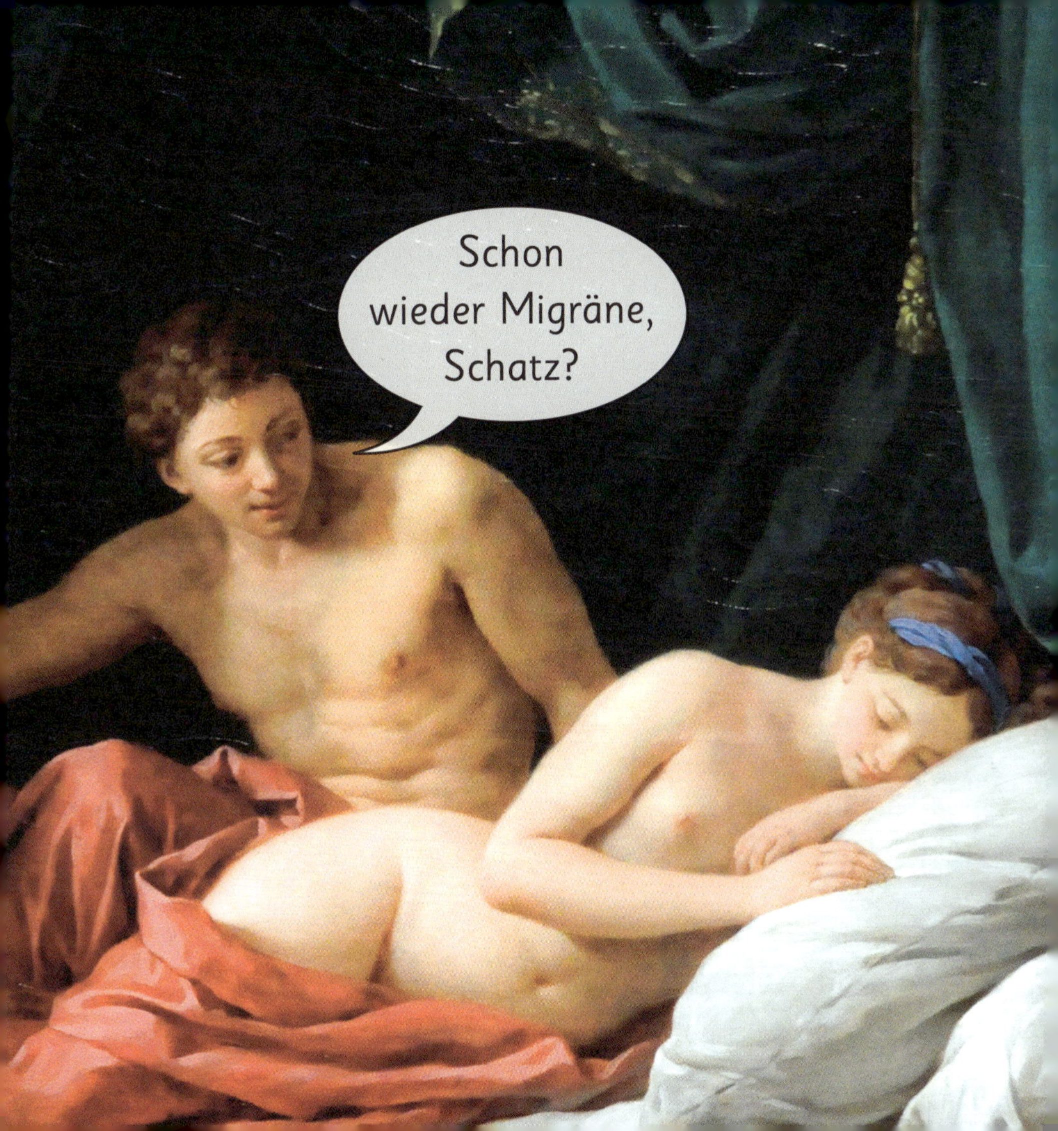
Schon
wieder Migräne,
Schatz?

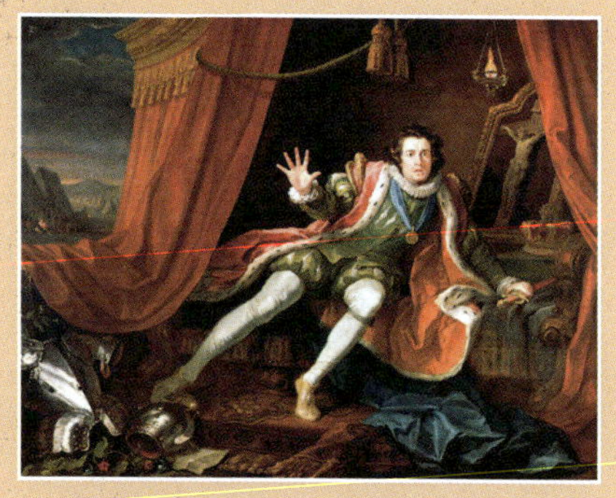

William Hogarth
DAVID GARRICK
ALS RICHARD III.
– 1741 –
Walker Art Gallery, Liverpool

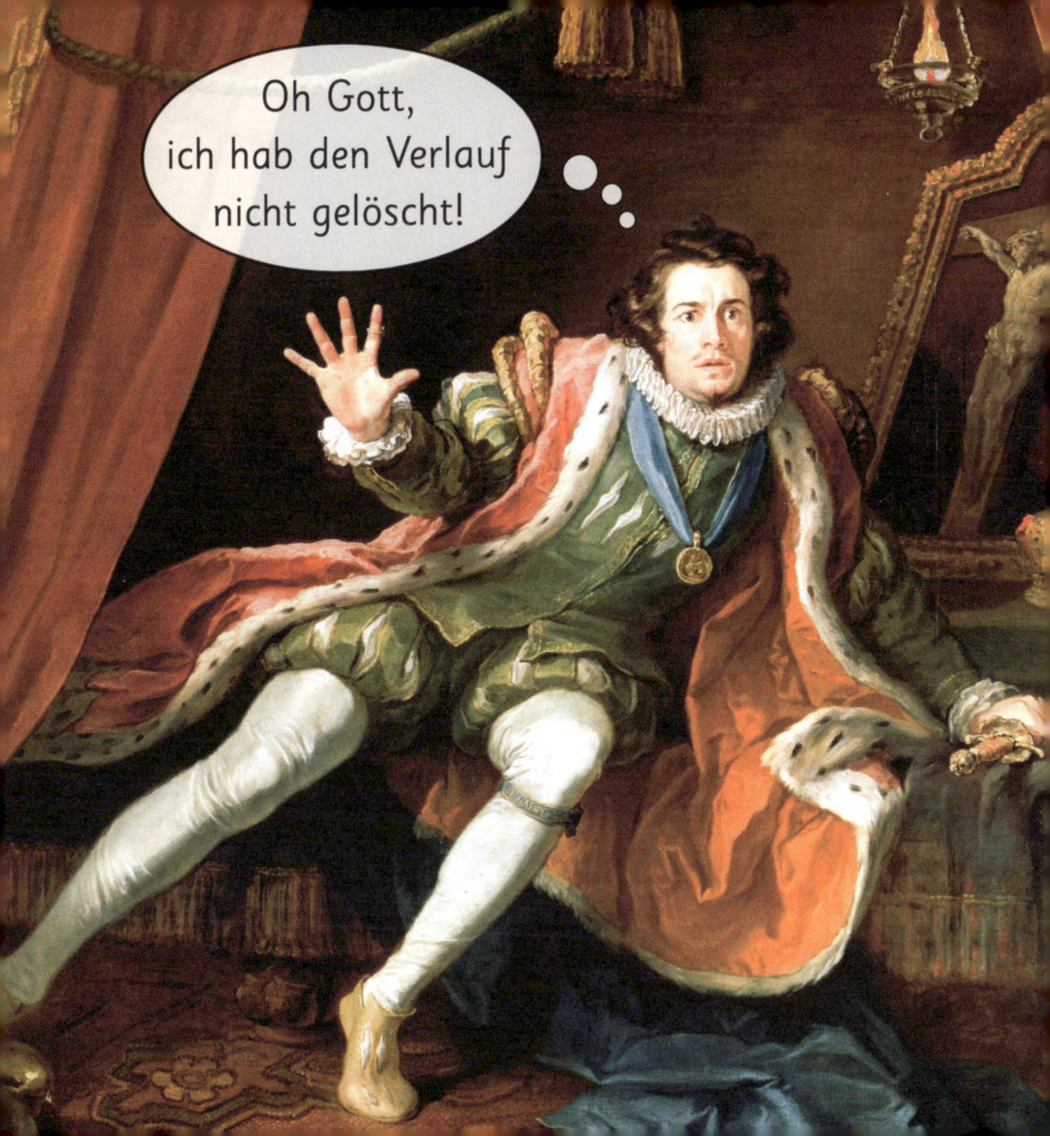
Oh Gott,
ich hab den Verlauf
nicht gelöscht!

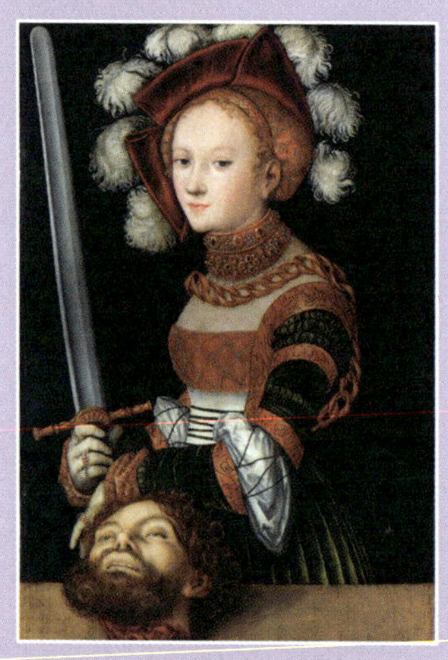

Lucas Cranach der Ältere
JUDITH MIT DEM HAUPT
DES HOLOFERNES
– um 1530 –
The Metropolitan Museum of Art, New York

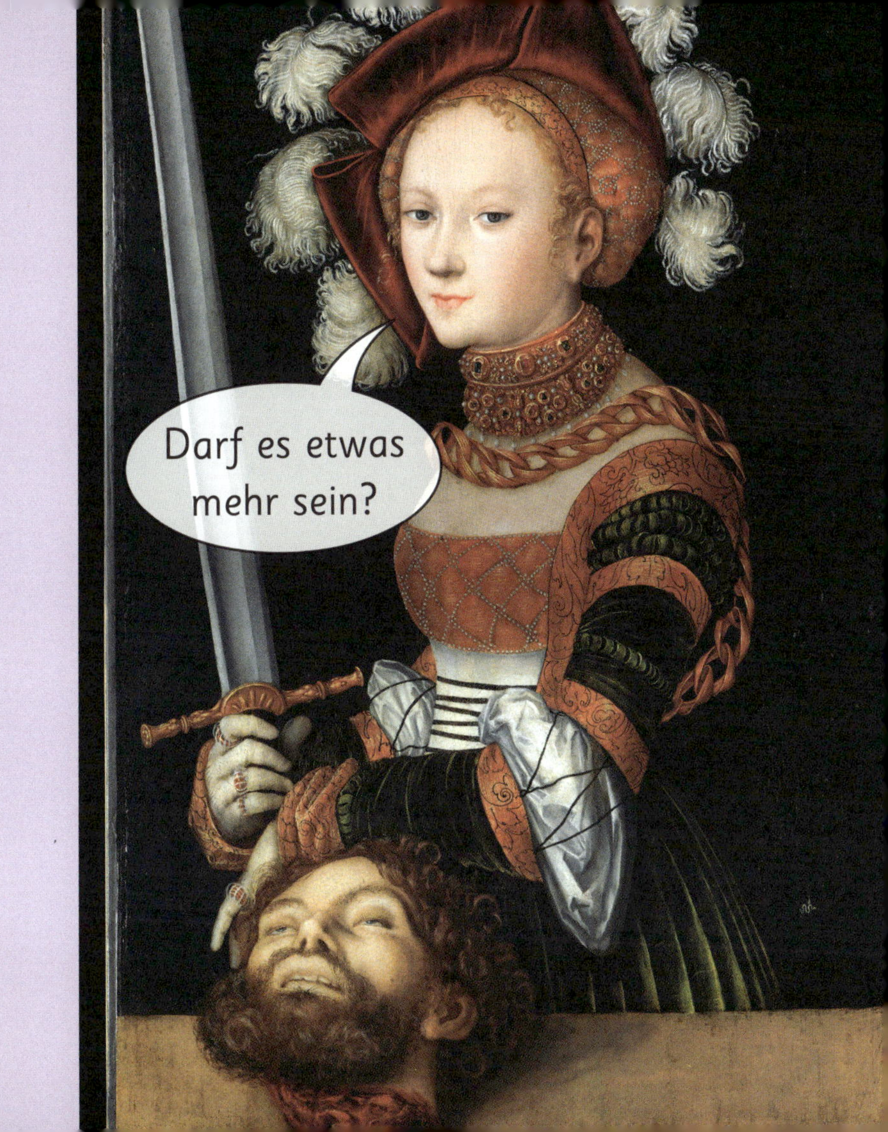
Darf es etwas mehr sein?

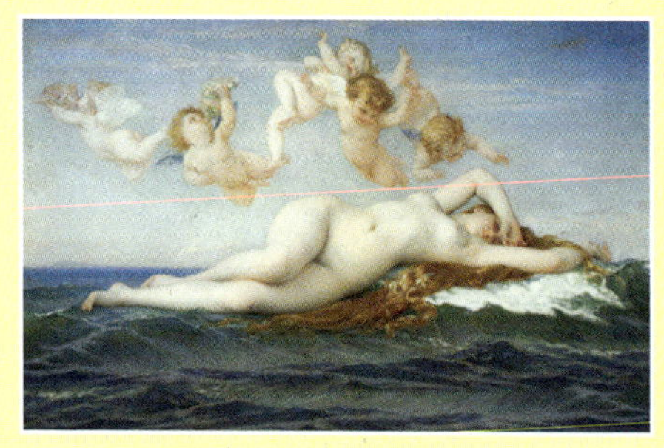

Alexandre Cabanel
GEBURT DER VENUS
– 1863 –
Musée d'Orsay, Paris

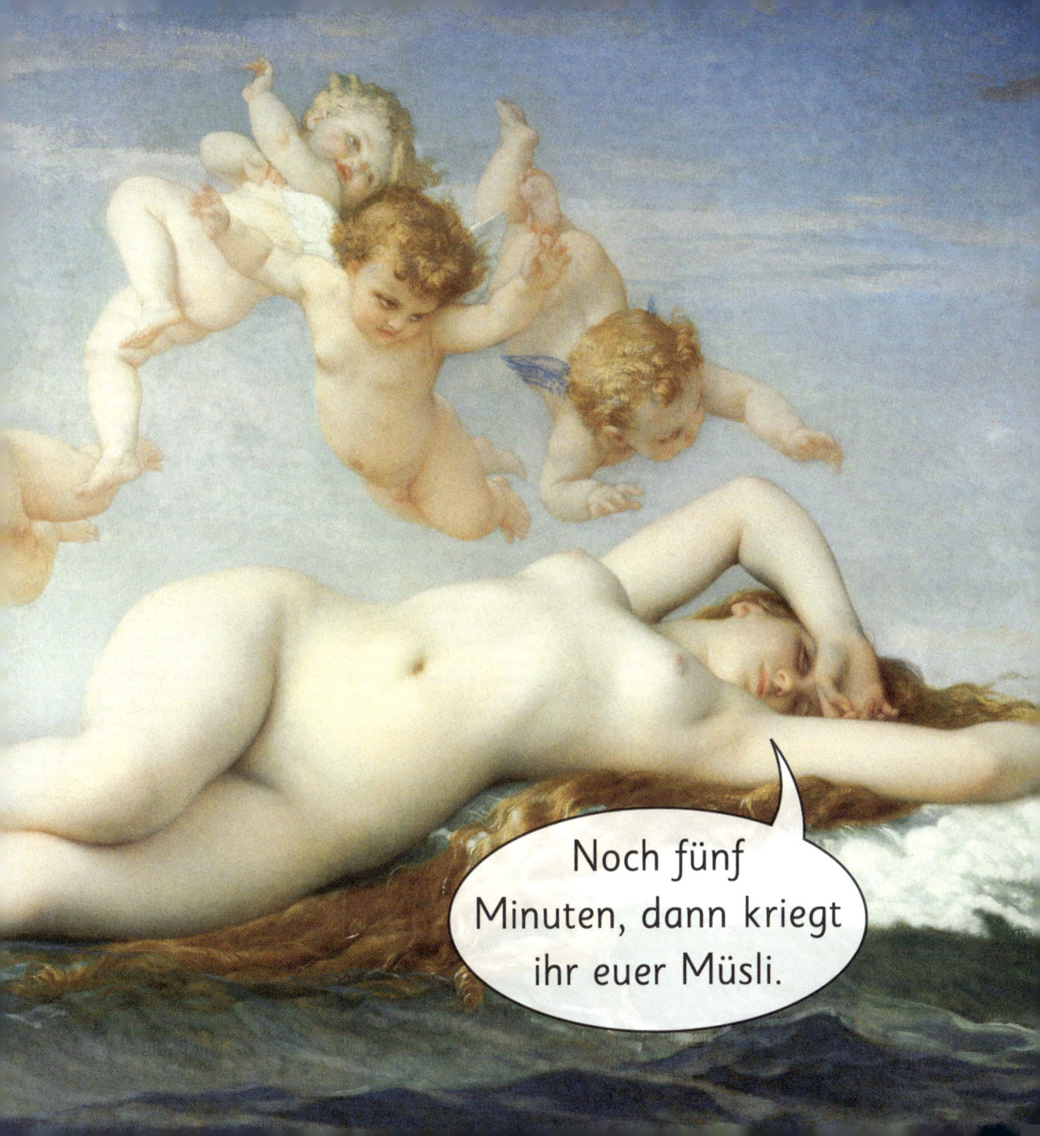
Noch fünf Minuten, dann kriegt ihr euer Müsli.

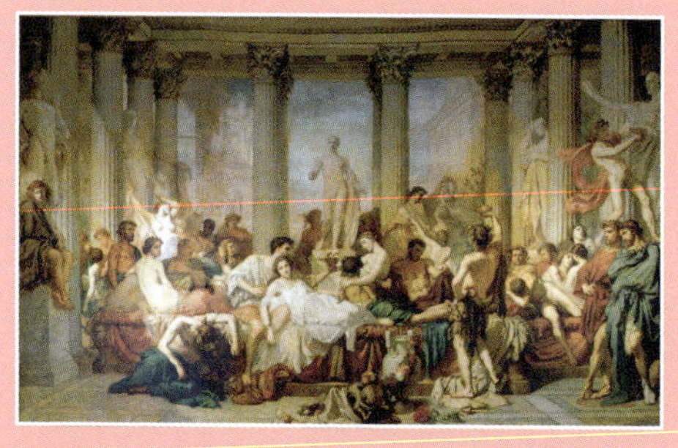

Thomas Couture

DIE DEKADENZ DER RÖMER

– 1847 –

Musée d'Orsay, Paris

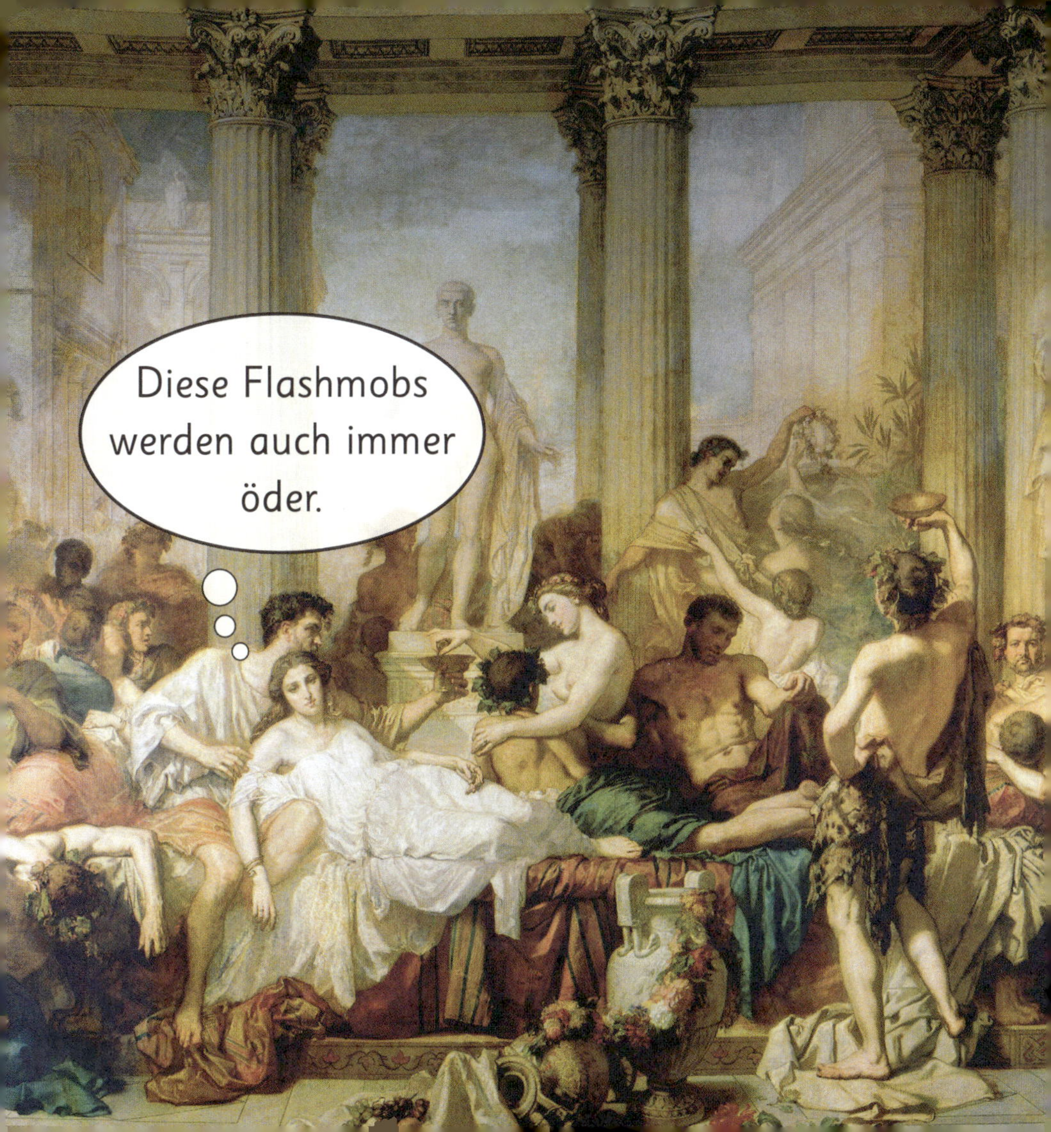
Diese Flashmobs werden auch immer öder.

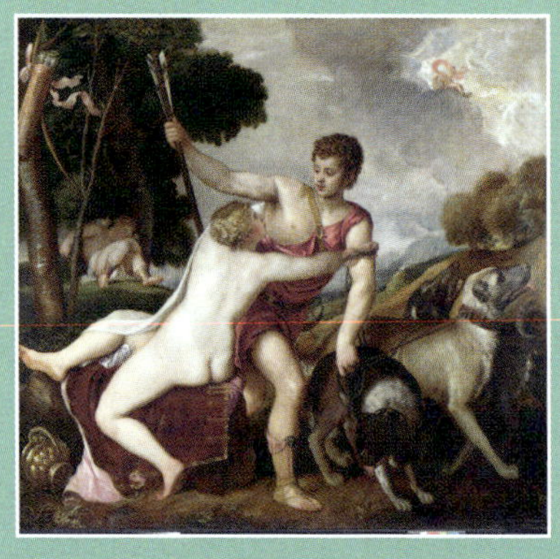

Tiziano Vecellio (Schule)
VENUS UND ADONIS
– um 1554 –
The National Gallery, London

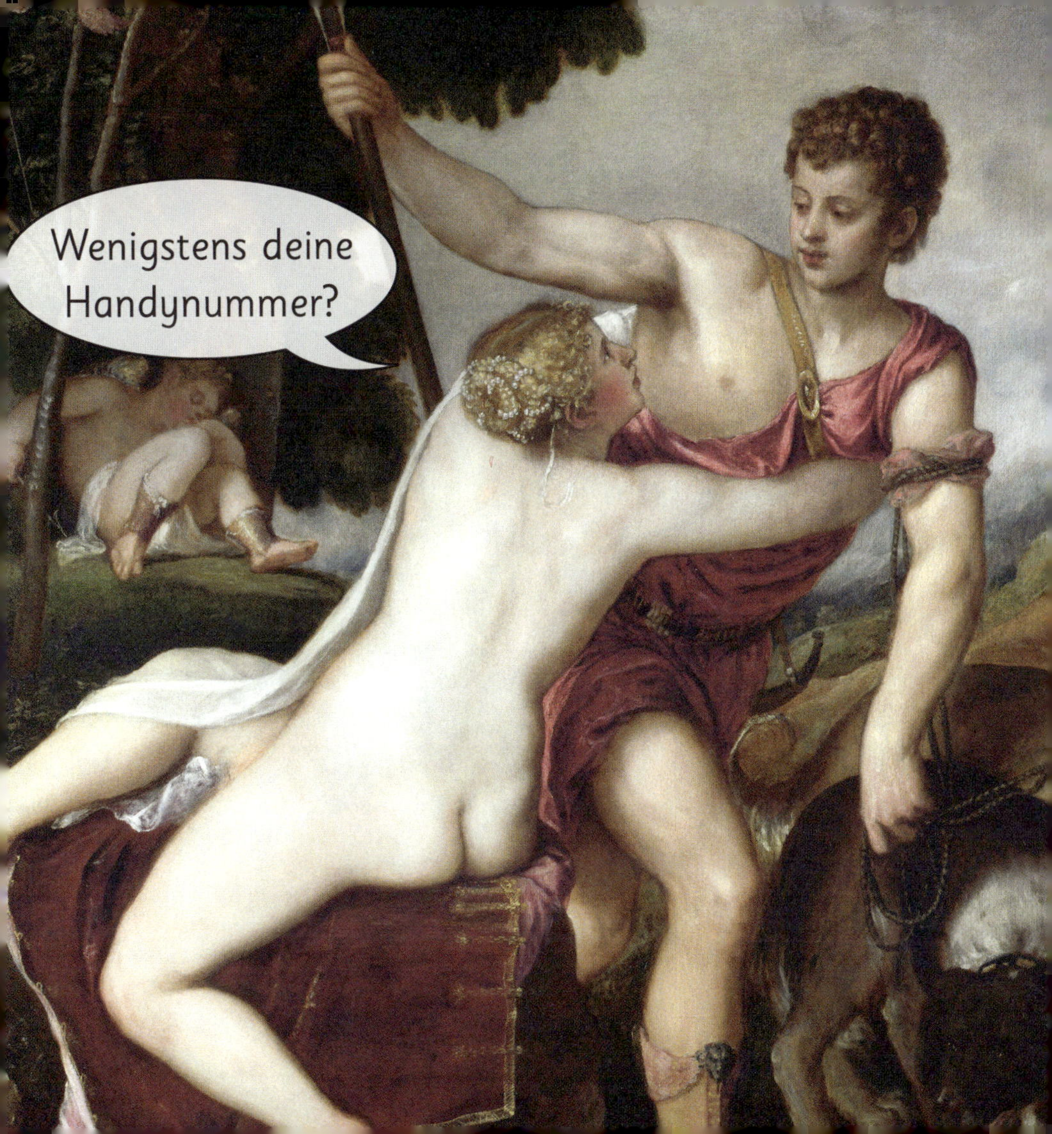
Wenigstens deine Handynummer?

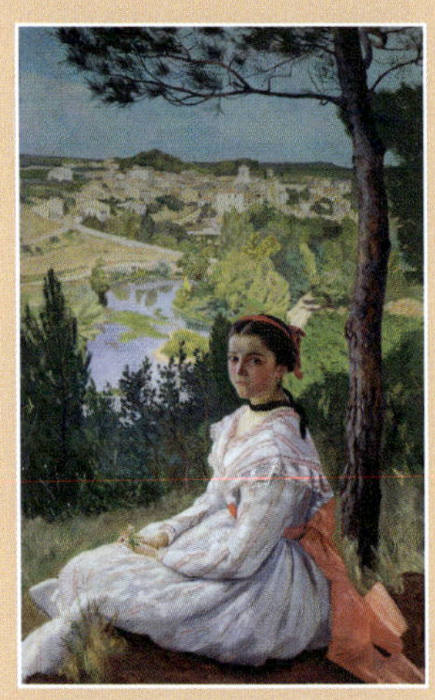

Jean-Frédéric Bazille
BLICK AUF DAS DORF
CASTELNAU-LE-LEZ
– 1868 –
Musée Fabre, Montpellier

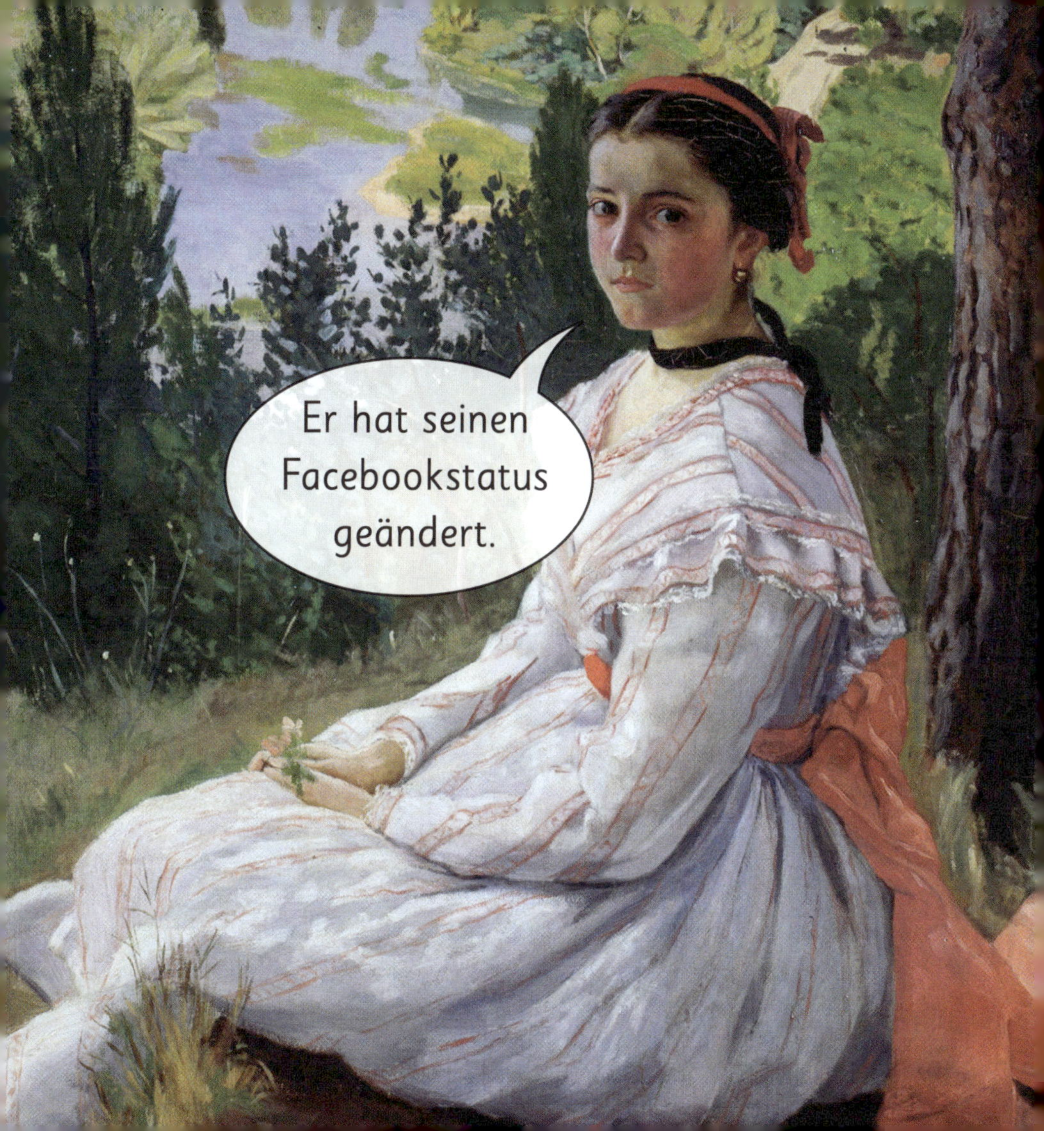
Er hat seinen
Facebookstatus
geändert.

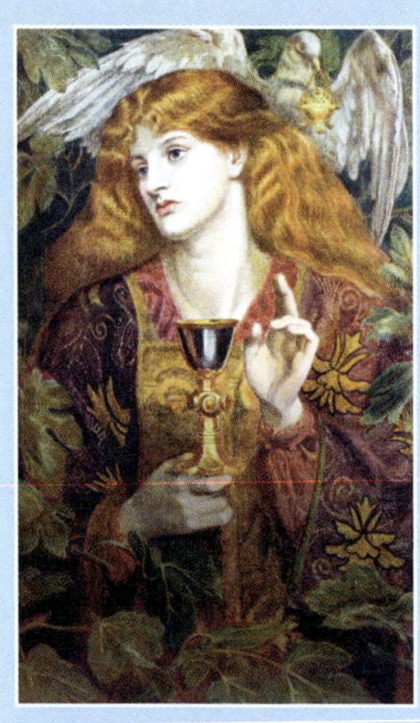

Dante Gabriel Rossetti
DER HEILIGE GRAL
– 1874 –
Mary Evans Picture Library, London

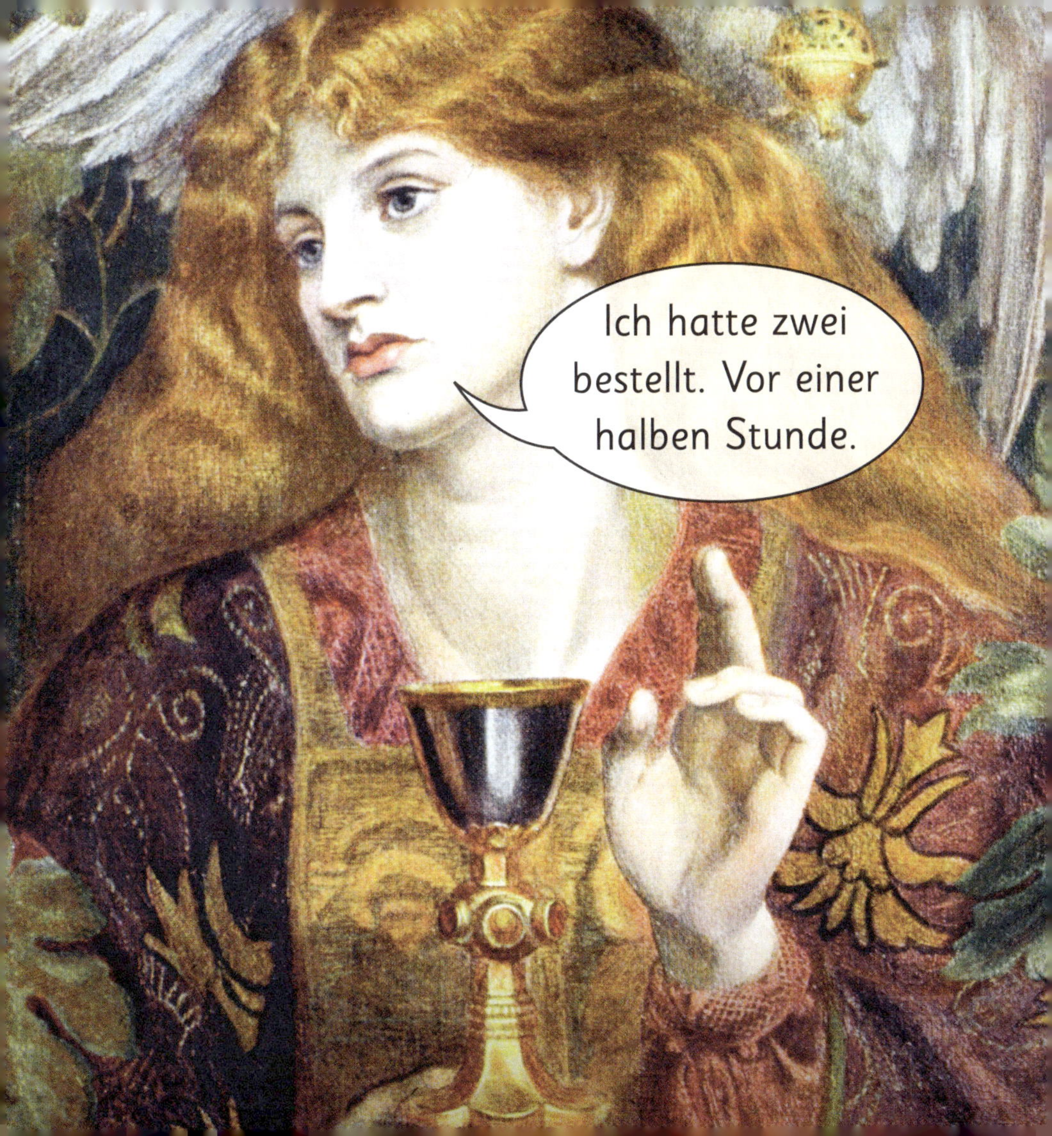
Ich hatte zwei bestellt. Vor einer halben Stunde.

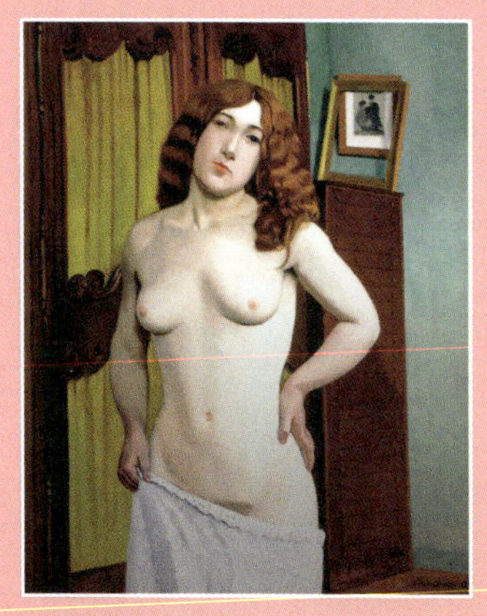

Félix Vallotton
HALBAKT VOR SCHRANK
– 1913 –
Private Sammlung

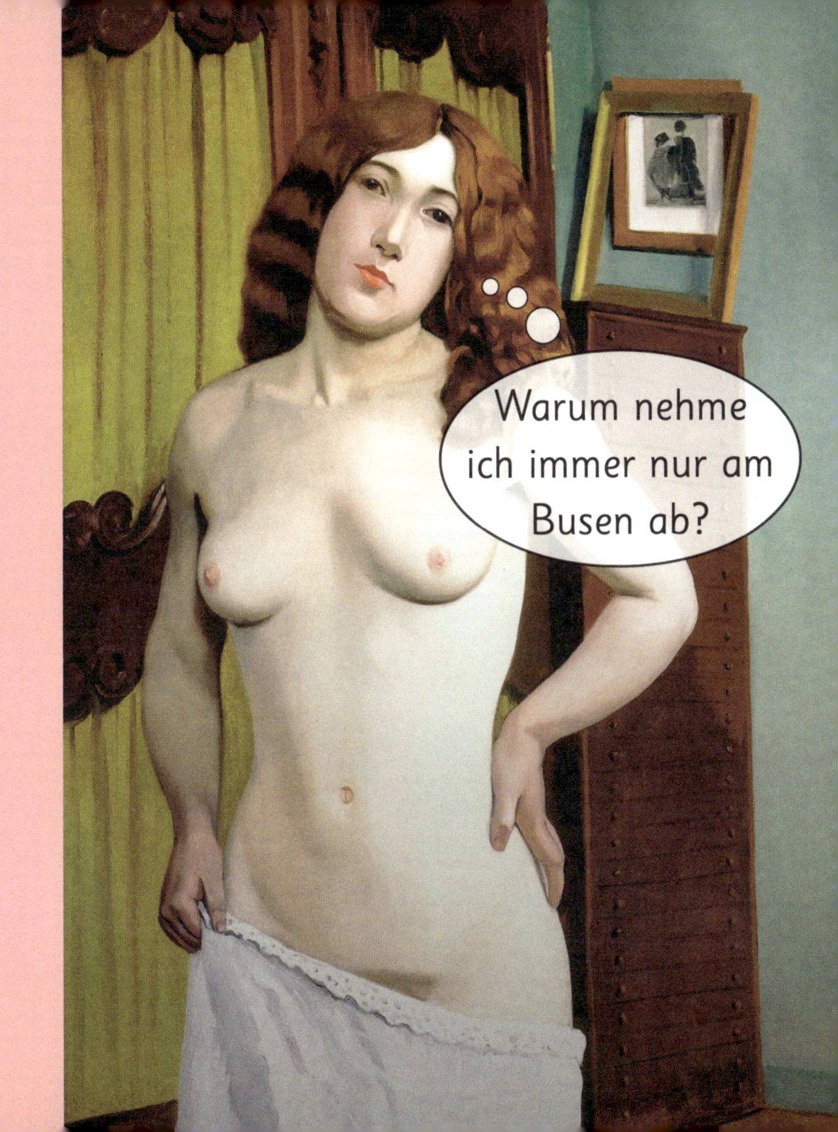
Warum nehme ich immer nur am Busen ab?

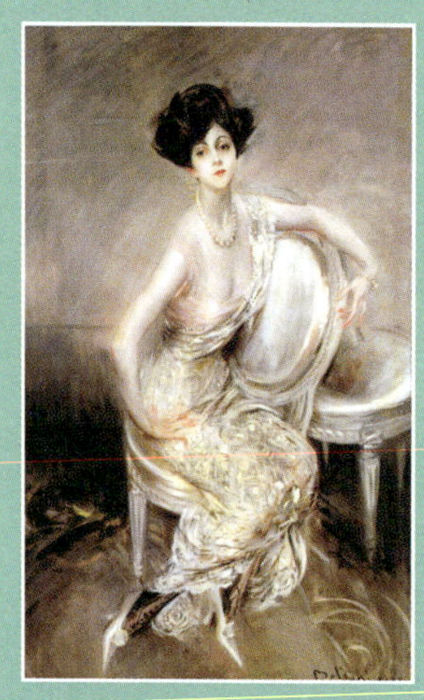

Giovanni Boldini
PORTRAIT DER
RITA DE AGOSTA LYDIG
– 1911 –
Private Sammlung

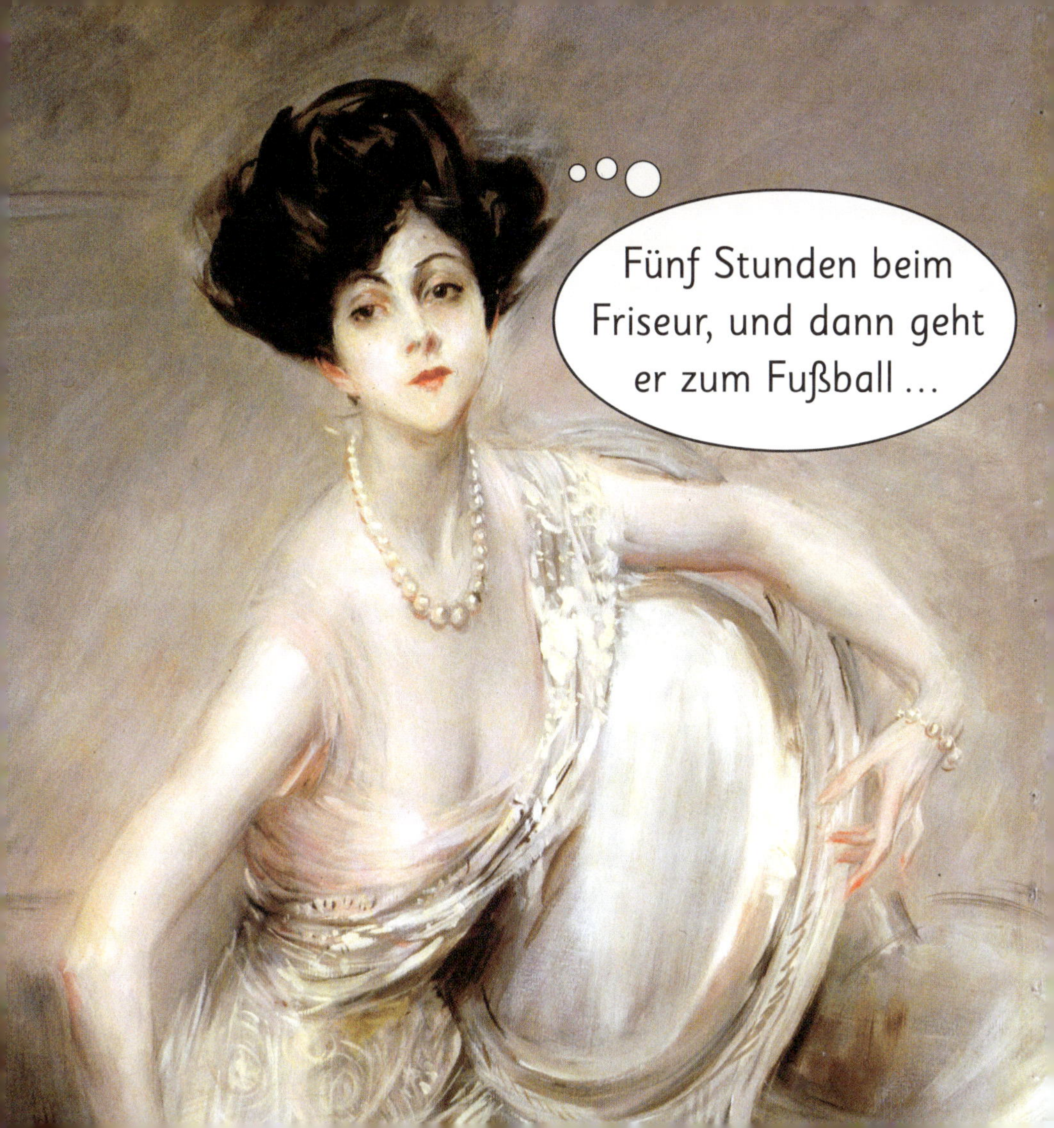
Fünf Stunden beim Friseur, und dann geht er zum Fußball ...

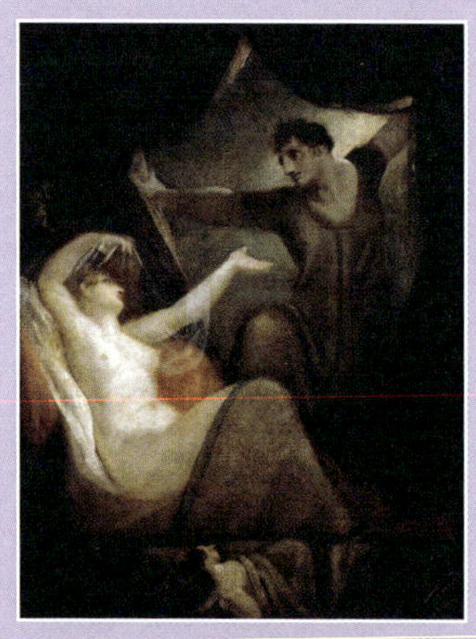

Johann Heinrich Füssli
DIE ERZÄHLUNG
DER FRAU AUS BATH
– 1812 –
Petworth House, West Sussex

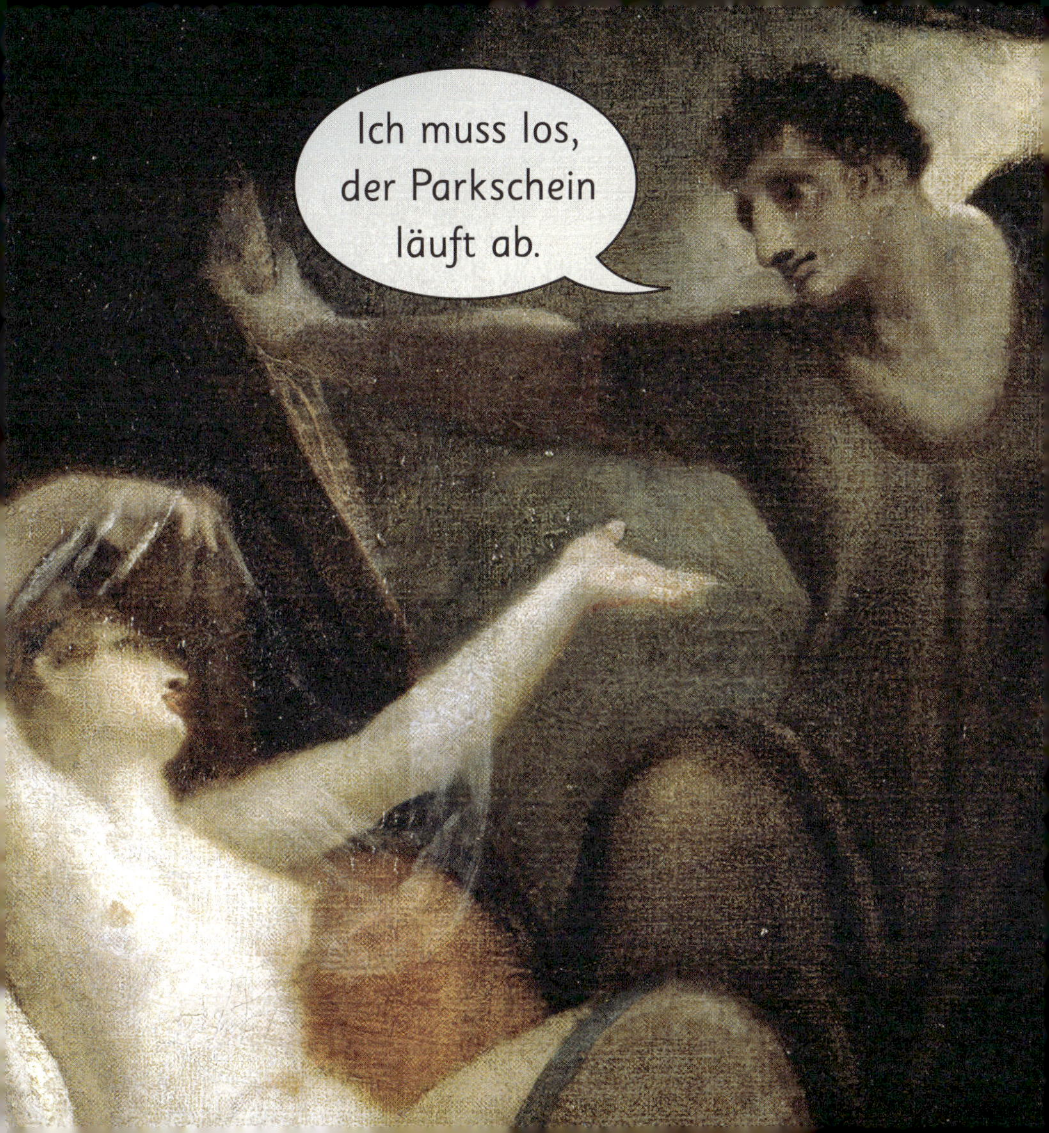
Ich muss los,
der Parkschein
läuft ab.

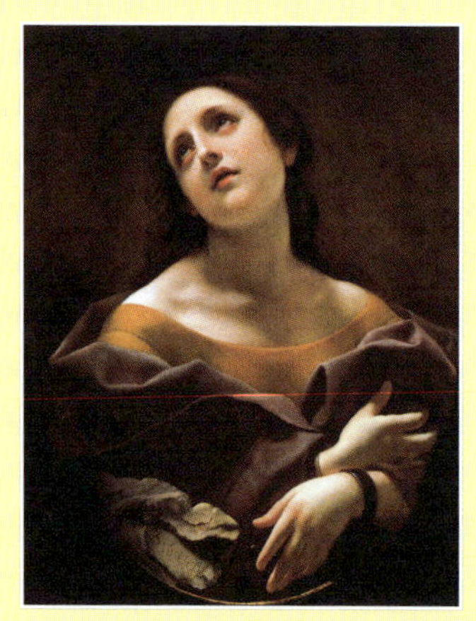

Carlo Dolci
ALLEGORIE DER GEDULD
– 1677 –
Trinity Fine Art, London

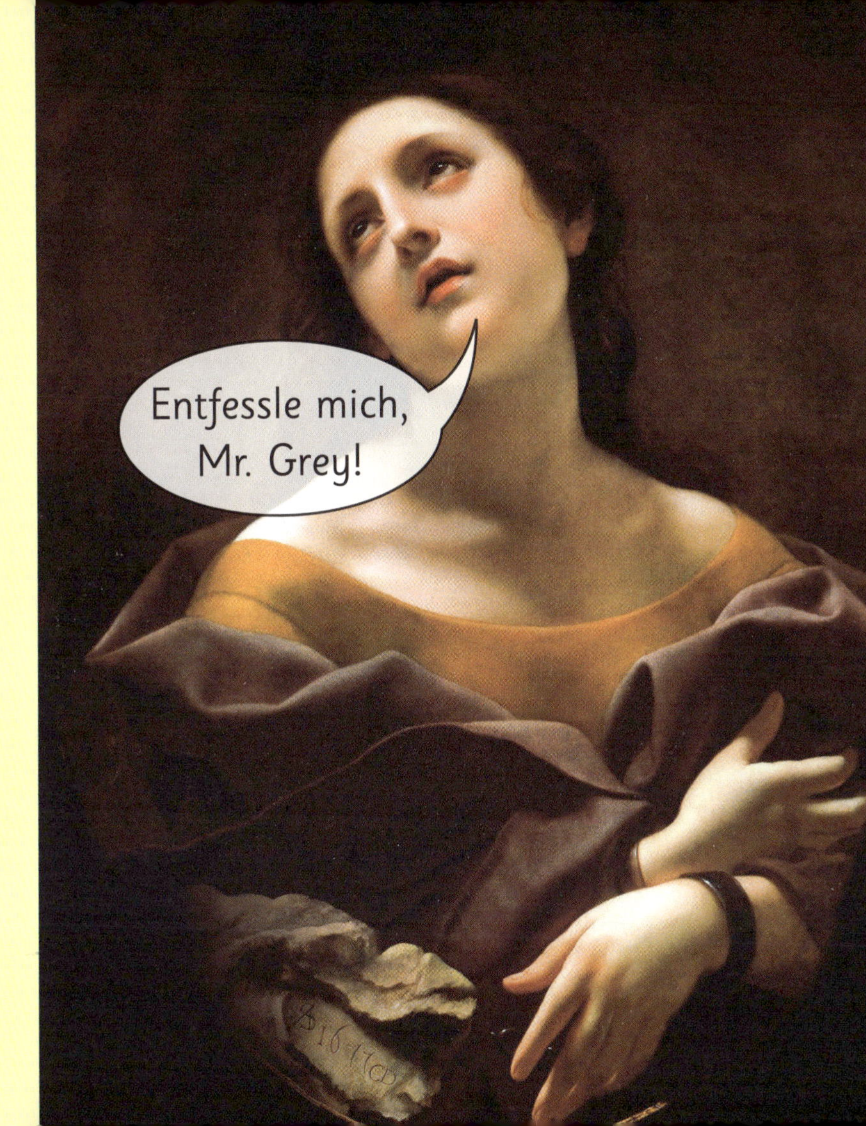
Entfessle mich,
Mr. Grey!

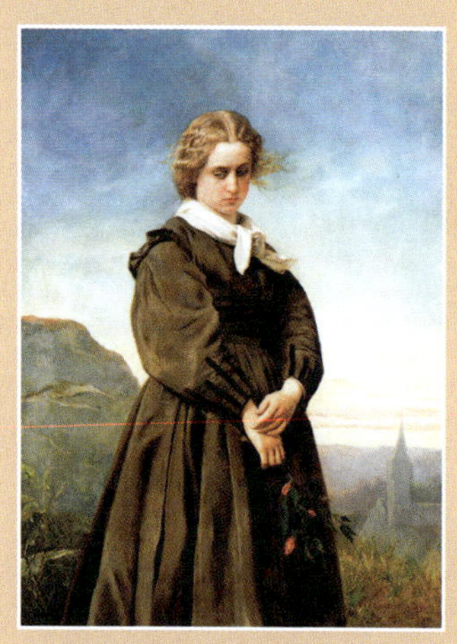

Constant Mayer
LIEBESSCHMERZ
– 1866 –
Private Sammlung

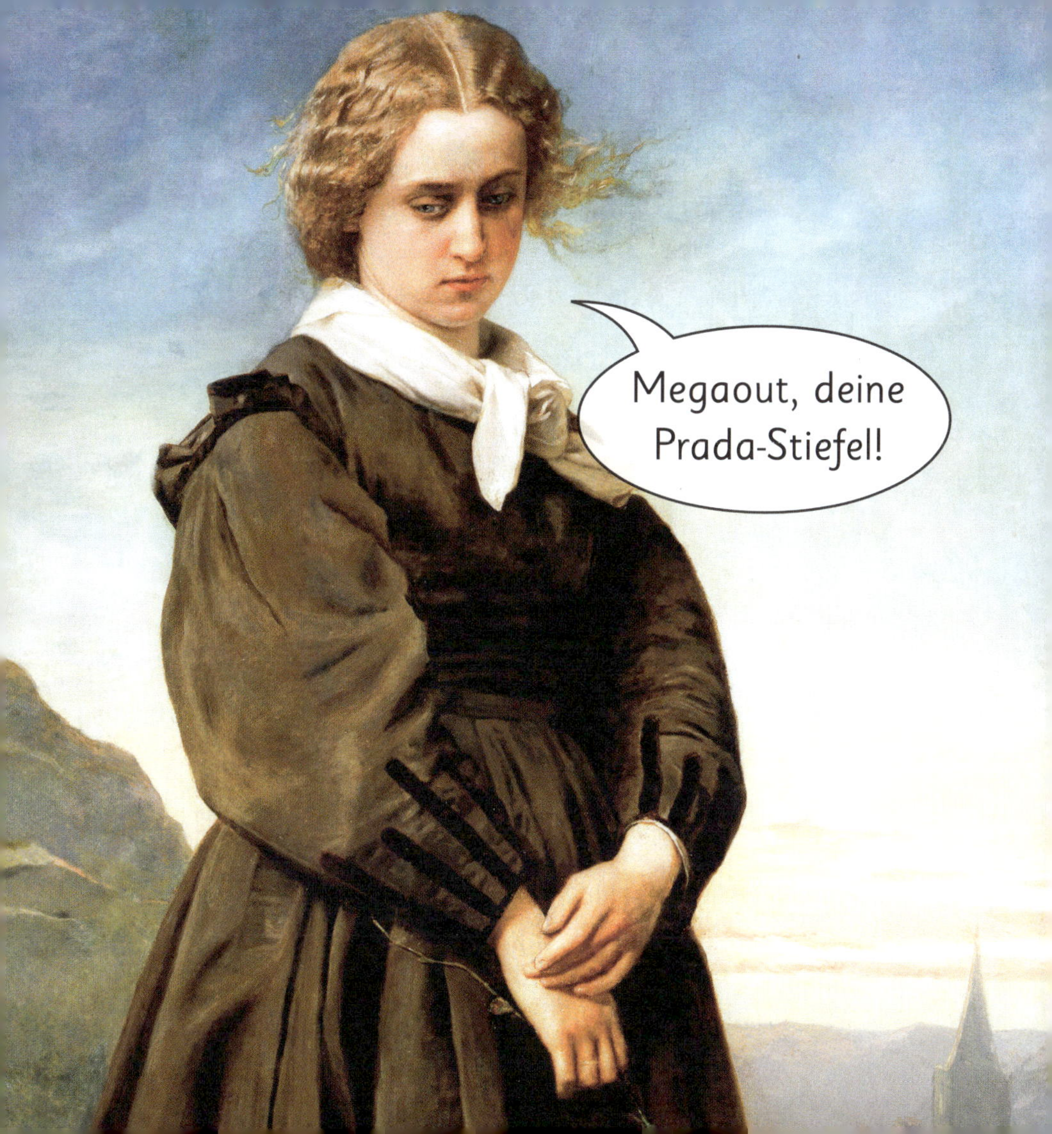
Megaout, deine Prada-Stiefel!

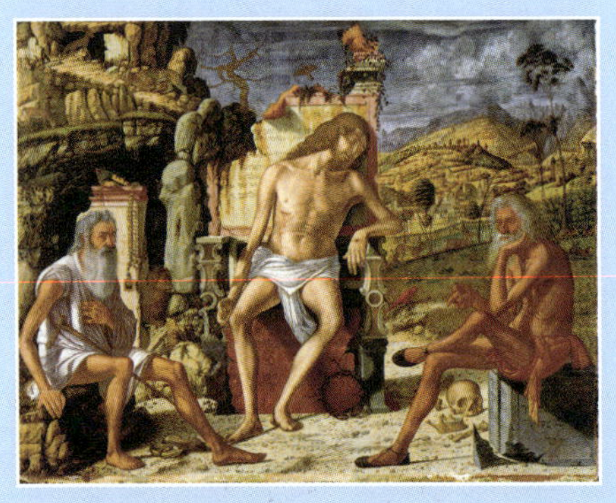

Vittore Carpaccio
AUSSCHNITT AUS:
MEDITATION ÜBER DIE PASSION CHRISTI
– um 1490 –
The Metropolitan Museum of Art, New York

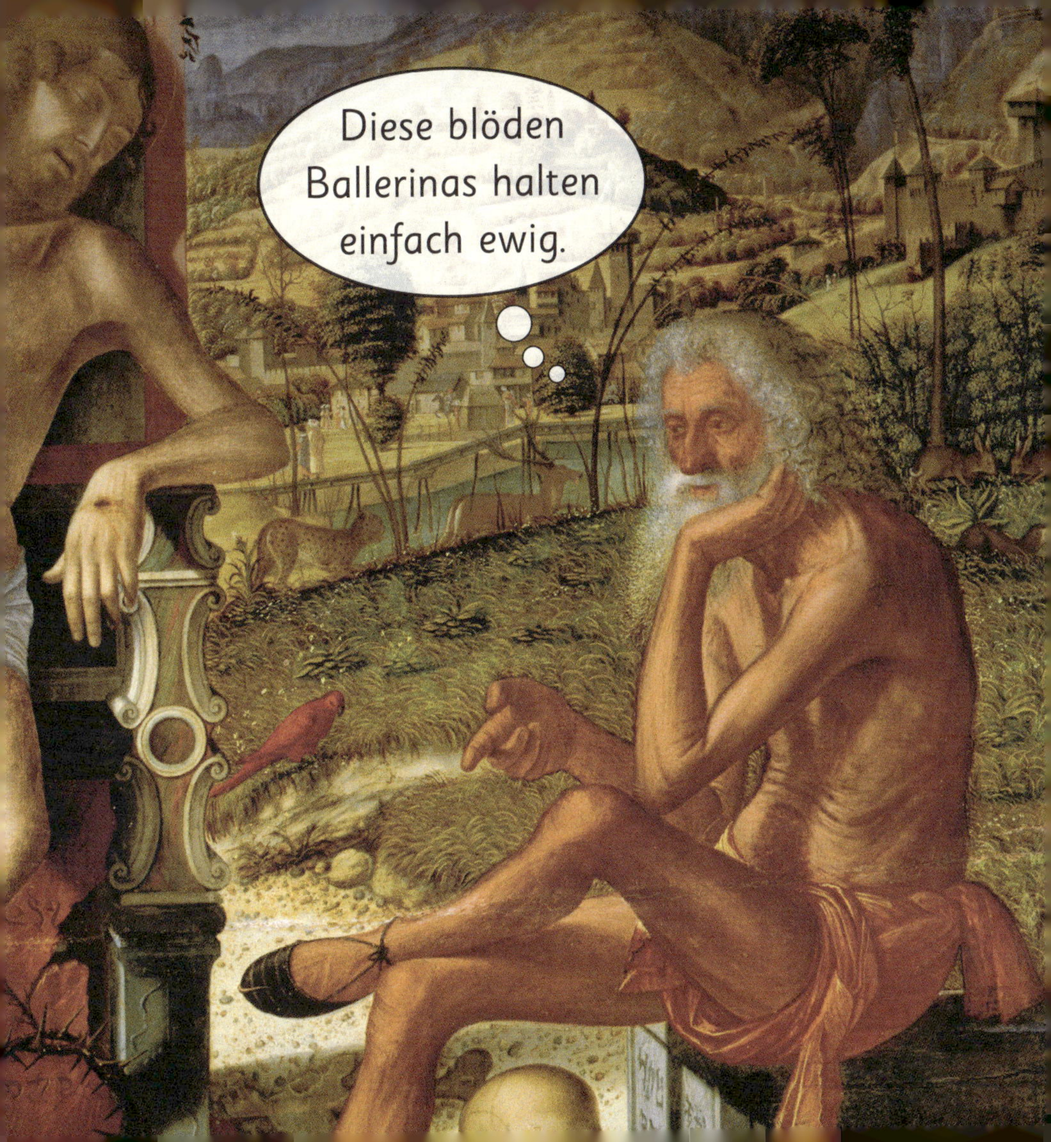
Diese blöden Ballerinas halten einfach ewig.

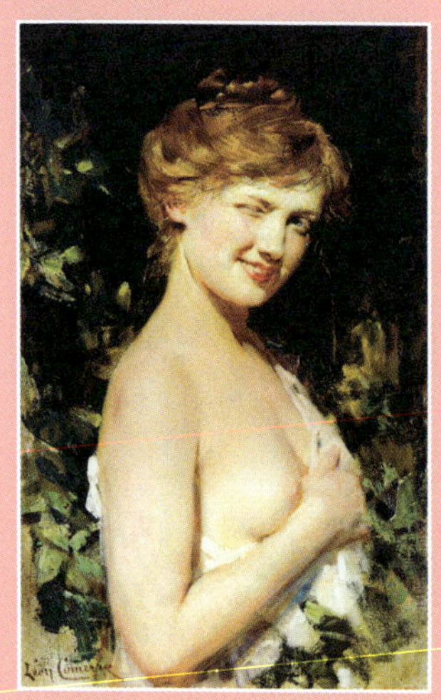

Léon-François Comerre
DAS ZWINKERN
– XIX. Jahrhundert –
Private Sammlung

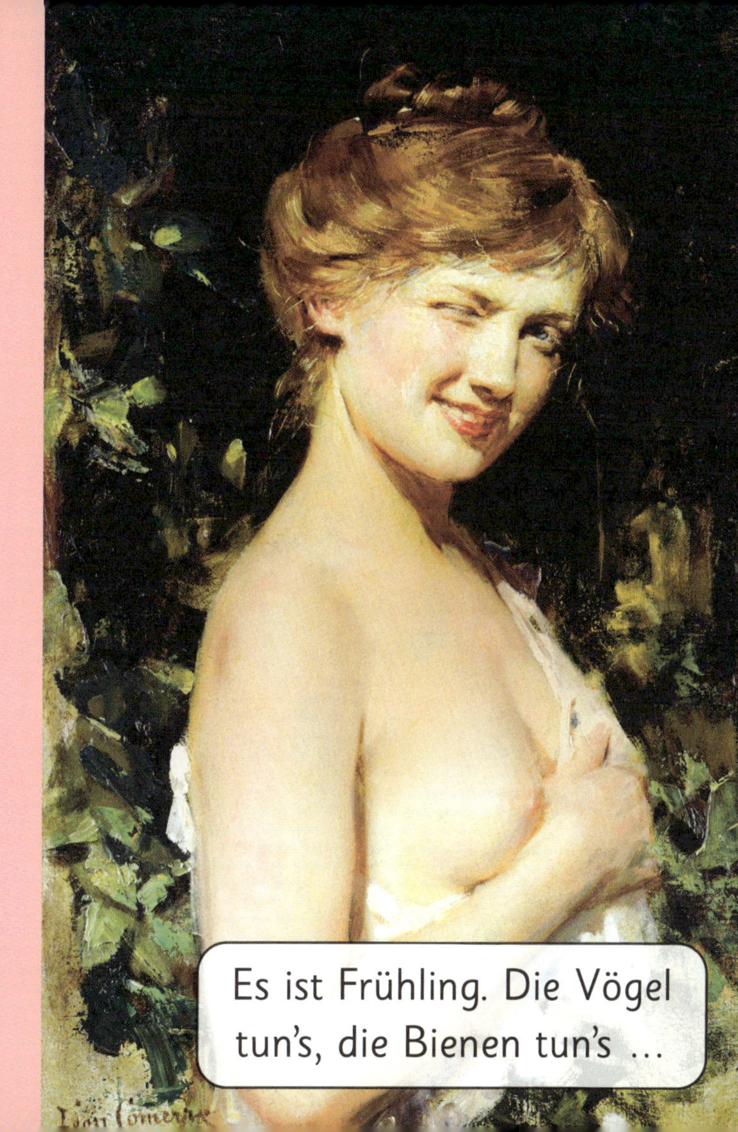
Es ist Frühling. Die Vögel
tun's, die Bienen tun's …

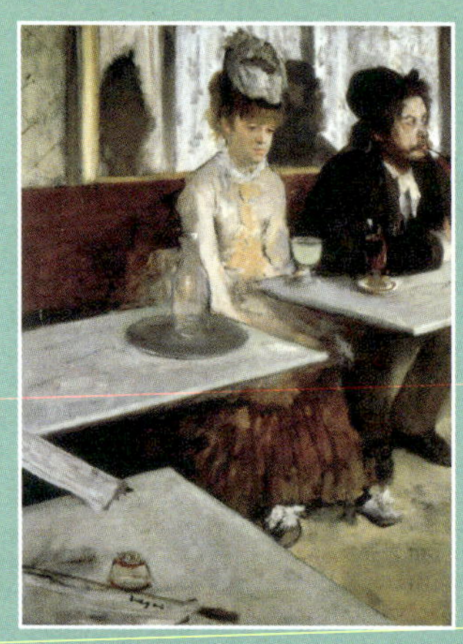

Edgar Degas
ABSINTH
– um 1875/76 –
Musée d'Orsay, Paris

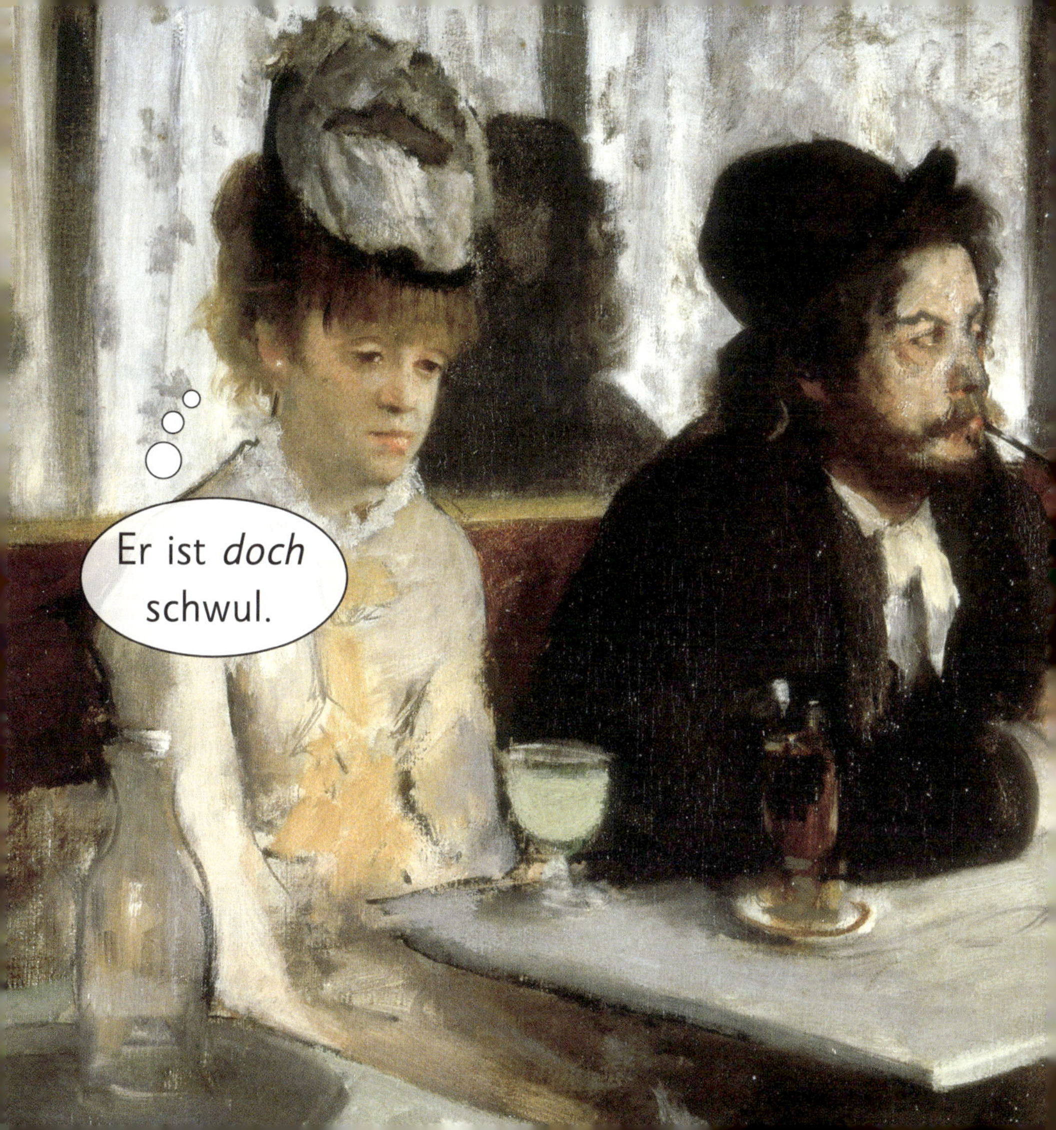
Er ist *doch* schwul.

ALPHABETISCHES VERZEICHNIS DER MALER

FOTONACHWEIS

© A. Dagli Orti/Scala, Florenz, 42

© Cameraphoto/Scala, Florenz, 30

© Christie's Images, London/Scala, Florenz, 40, 50, 66, 68, 70, 78, 84, 90, 92, 114, 116, 120, 128, 150, 152, 158, 162

© DeAgostini Picture Library/Scala, Florenz, 10, 34, 80, 136

© Derrick E. Witty C 2015. NTPL/Scala, Florenz, 154

© Digital Image Museum Associates/LACMA/Art Resource NY/Scala, Florenz, 102

© Foto Art Media/Heritage Images/Scala, Florenz, 118, 130

© Foto Fine Art Image/Heritage Images/Scala, Florenz, 14, 18, 38, 54, 62, 122, 124, 126, 134

© Foto Scala, Florenz, 8, 52, 74, 140, 142, 164

© Foto Scala, Firenze/bpk, Bildagentur für Kunst, Kultur und Geschichte, Berlin, 100

© Foto Scala, Firenze – su concessione Ministero Beni e Attività Culturali, 16, 44, 48, 56

© Image copyright The Metroplitan Museum of Art/Art Resouce/Scala, Florenz, 82, 132, 138, 160

© Jean-Léon Gérôme, Die Wahrheit steigt aus dem Brunnen, 1896, Musée Anne-de-Beaujeu, Moulins (© Jérôme Mondière), 22 und Cover

© Mario Bonotto/Foto Scala, Florenz, 26

© Mary Evans/Scala, Florenz, 112, 148

© Museo Nacional del Prado © Photo MNP/Scala, Florenz, 86

© Museo Thyssen-Bornemisza/Scala, Florenz, 72

© NTPL/Scala, Florenz, 60

© The National Gallery, London/Scala, Florenz, 28, 144

© Tate, London/Foto Scala, Florenz, 46, 98, 110

© Trinity Fine Art, London, 156

© Verschiedene Privatsammlungen, 6, 12, 20, 32, 36, 104, 106, 108

© White Images/Scala, Florenz, 24, 64, 76, 88, 94, 96, 146

Trotz intensiver Bemühungen gelang es dem Verlag in einigen Fällen nicht, mit dem Rechteinhaber des jeweiligen Fotos Kontakt aufzunehmen. Der Verlag bittet diesen oder eventuelle Rechtsnachfolger, sich mit ihm in Verbindung zu setzen. Er verpflichtet sich, rechtsmäßige Ansprüche nach den üblichen Honorarsätzen zu vergüten.